JN042667

公務員という仕事

村木厚子 Muraki Atsuko

★――ちくまプリマー新書

354

目次 * Contents

はじめに――公務員とはどんな仕事か

私が公務員になった理由

私は一九七八年に大学を卒業して労働省（現・厚生労働省）に入省し、二〇一五年に退職するまで三七年半、公務員として働いてきました。

「何がなんでも公共のための仕事を」と思っていたからというよりも、「ずっと働き続けたい」という理由から選んだ仕事でした。当時はまだ「男女雇用機会均等法」ができる前で、四年制大学を卒業した女性を採用してくれる企業はほとんどなく、長く続けられる仕事がしたいと考えている大卒女子には、そもそも選択肢がありませんでした。だから私は、「簡単に辞めさせられることのない、女性でも長く働ける仕事」という現実的な理由と、社会保険労務士だった父の仕事を見ていて社会問題や労働問題に関心があったというシンプルな理由から、公務員という仕事を選びました。

それに、なんとしても国家公務員になろうと気負っていたわけではなく、県の採用試験も国家公務員試験も、両方受験していました。県の合格発表より国家公務員のほうが先に発表され、合格すると思っていなかったのに合格していたために、そこで初めて、東京に行って国家公務員になるという道を真剣に考えたぐらいです。

労働省への入省も、結果としてそうなった、という感じです。というのは、国家公務員と地方公務員では採用の方法が異なります。地方公務員の場合、それぞれの自治体の採用試験に合格すると、そのまま○○県、××市に採用されます。それに対して国家公務員は、まず国の公務員試験を受験し、合格したら自分で各省庁をまわり、いずれかの省庁に採用してもらう必要があります。

一次試験の合格が出た段階で、各自が希望する省庁を選んで官庁訪問をして、内定をもらいます。その後、さらに二次試験を経て正式の合格発表を待ちながら、内定をもらった省庁の最終の採用面接に臨み合格すれば、正式に採用が決まるというのが慣行になっていたようです。当時、私はこのような国家公務員の就職のシステムを知りませんでした。東京大学のように毎年大勢が国家公務員になる大学の学生であれば、就職活動のやり方は周りを見ていればわかりますし、教えてももらえるでしょう。しかし、私の周りには国家公務員になる人などまず存在せず、また、現代のようにどのような情報でもインターネットで簡単に得られる時代ではなかったため、国家公務員になるための過程をよくわかっていなかったのです。

二次試験も終わり最終の合格通知が届いたので、人事院に「これからどうしたらいいですか」と電話をかけたら、「あなた、何をしているの。早く東京に来なさい」と叱られました。私はそこで初めて、ほとんどの人が官庁訪問を済ませ、内定をもらっていることを知ったのです。すべての採用活動が終わる最終面接まで一週間もない時期だったと思います。慌てて上京した私を、それでも、いくつかの省庁が面接してくれ、最終的に労働省が無事、採用してくれたというわけです。

仕事のおもしろさはどこにあるか

だれもが、仕事を選ぶときには、「何のために仕事をするのか」「どのような仕事であればやりたいと思えるのか」と、真剣に考えると思います。しかし、公務員であれ、民間企業であれ、自分が期待した通りに生き生きと働いている人がいる一方で、仕事に失望をする人も出てきます。先日会った若い方が、「入ってみると次第に現実が見えてきて、いまはライフワークではなくライスワーク（食べていくための仕事）になりかけている」と呟《つぶや》いていました。

人がその仕事をやりたいと思えるかどうか、本気になって取り組めるかどうかは、どのようなことが決め手になるのでしょうか。それは、次の三つの要素だといいます。

まず、自分の仕事が人の役に立っていると思える、価値があると思えること。

二つめが、苦しいばかりではなく、楽しく働けること。たしかに、人の役に立つ仕事ではあっても、苦しいばかりではおもしろくありませんし、長く続けることはできません。やはり、仕事が楽しいと感じられることは重要です。

しかし、楽しくてもただ楽なだけだと、本当の喜びが得られないところがあるのも確かでしょう。重要なことは、自分がその仕事によって成長できるかどうか。これが三つめのポイントになります。逆にいうと、少し難しくて負荷がかかるぐらいの仕事がよい、ということになります。いつまでも同じことしかできない、簡単すぎることしかさせてもらえないのではなく、あるところまでできる力がついたら、もう少し難しいことに挑戦できる（させてもらえる）仕事であるかどうか。長い職業人生の中で、自分が成長したという実感を得られるかどうかが大切だということです。

実はこの話は、これまでカルビーのCEO（最高経営責任者）やRIZAPグループのCOO（最高執行責任者）を務め、日本では数少ない〝プロ経営者〟といわれている松本晃《まつもとあきら》氏の講演でお聞きしたことです。公務員だった私でも納得できることばかりで、仕事のおもしろさというものは民間企業でも公務員でも変わらないものなのだな、と興味深く思った覚えがあります。

私自身、三七年半の公務員生活を振り返って思うのは、「やはり公務員っていい仕事だなぁ」ということです。公務員という仕事はとてもおもしろく、また、世の中の役に立つ、価値のある仕事です。そして、それを通じて自分自身が大いに成長できる仕事でもあります。だから、若い方々にもぜひ、公務員という仕事を選んでほしいと心から思っているのです。

しかし、公務員の仕事ぶりがニュース等で報道されるのは、大体が公務員がミスをしたり不祥事を起こしたりなどしたときで、みなさんにとって公務員のイメージは「ミスや不祥事が絶えない」「しょっちゅうマスコミから叱られている損な仕事」であるかもしれません。なにかトラブルがあると、すぐに批判の的になるのは事実です。

もちろん、トラブルもミスもないほうがよいのは当然のことですが、ミスや不正が起こるのは一部です。公務員の仕事の多くは誠実に進められており、不祥事ばかりが強調されることに対しては、多少の割り切れなさも感じていますが、なにかあるとそれだけ強く反応されるということは、おそらく公務員の仕事が大切なものであり、みなさんからきちんとやってほしいと期待されていることの裏返しであるともいえると思います。

私がいかに「大事な仕事」と主張しても、公務員の仕事は外からはなかなか見えにくいものです。私が本書を執筆することにしたのは、若いみなさんに、公務員という仕事は、人々が生きていく基盤をつくるやりがいのある大事な勤めなのだと伝えたかったからです。

社会を支える公務員の仕事は、一見、地味なものにみえるかもしれません。しかし、長い目でみれば、理想に向かって現状を変え、ときには人々の意識を変え、そして社会全体を変革することもできる、ダイナミックな要素もある仕事です。私自身が経験してきたことや考えてきたことを通して、公務員という仕事の醍醐味《だいごみ》を感じていただければうれしく思います。

第一章

公務員の務めと求められる力

（3）総合　昭和63年8月14日（日曜日）

社説

進めたい時短の取り組み

山陰地方の全産業平均の年間総労働時間は全国平均を上回り、中国五県では島根県が最も多い。所定内労働時間は鳥取県が最長だ。働く者の生活向上と企業発展のため、労働時間短縮への取り組みを進めたい。

きょうの日曜日をはさみ、何日間か連続してお盆休みを取っている方も多いのではなかろうか。墓参りや親類を訪ねたり、あるいはきょうと郷土代表出場の高校野球をテレビ観戦するなど、久しぶりにノンビリ過ごしておられることと思う。

近年、企業の夏休みもお盆休みを中心としてだいぶ定着してきた。山陰地方でもお盆を中心に大半の企業で行われており、日数も全国平均と比べてまずまずである。しかし労働時間そのものとなると、全国平均よりかなり長い。六十二年のデータによると、全産業平均の年間総労働時間は島根県が二千百五十二時間、鳥取県が二千百三十五時間と、全国平均の二千百十一時間より二十四―四十一時間長くなっている。

島根県の年間総労働時間は中国五県では最も多く、鳥取県は所定内労働時間が二千十七時間で最も長い。また島根県も二千九時間でこれに次いでいる。山陰両県の労働時間がこうした状況にあるのは、週休二日制の普及が遅れているのが大きい。何らかの週休二日制の適用を受けている労働者は島根県が二二・三%、鳥取県が二六・一%にとどまっており、全国の四二・六%を大幅に下回っている。

このため島根、鳥取労働基準局は、それぞれ県内企業の労働時間短縮を推進するため、時短計画の策定など労使による取り組みを指導、援助する事業を始めている。また鳥取労基局は七月に時短に関するフォーラムを開催、島根労基局も九月十九日に松江市の島根県民会館でシンポジウムを開くなど機運を盛り上げていく考えだ。時短は今や時代の大きな流れになろうとし、この四月には週四十時間労働を目指す改正労働基準法が施行された。現行週四十六時間の法定労働時間を六十七年度までに段階的に週四十時間とするのが労働省の目標であり、労使による時短への取り組みが求められている。

しかし時短は停滞しているのが現状。人件費コストの増大などが企業にとって問題となっているが、山陰地方の時短の立ち遅れについては島根労基局が週休二日制を実施し…ついて調べた結果からもう…う。それによると、例えばサ…業務などで「業務が遂行できない」と、「取引上の都合等の問題」…業他社が実施していないか…ち、横並び意識も障害とな…これに「生産販売量が減少」め」「人件費コストが上が…間外、…増える…が続い…

時短…易摩擦による内需拡大型経…という観点から論じられる…が、もちろんそればかりで…働者、企業の双方のメリッ…れている。最近は売上高や…に休暇や労働時間が優良企…なってきて、実際に時短を…企業は求人活動、人材確保…くなった、などは身近にも…

調査結果が新聞で取り上げられ週休二日制の理解が進んだ（49ページ／「山陰中央新報」昭和63年8月14日）

国家公務員と地方公務員の違い

公務員には、国家公務員と地方公務員があります。違うのは採用方法だけではありません。

世の中には多種多様な問題があり、多くの人がそれぞれに解決したい課題を抱えています。そして、問題によって、国全体で取り組むほうがよいものもあれば、もう少し暮らしに身近なところで解決していくほうが適切なものもあります。前者であれば国家公務員が手がけ、後者の県や市町村単位で取り組むほうがよい問題であれば、地方公務員が扱うことになります。

実際には、国の仕事と地方自治体の仕事は二つにきれいに分かれるわけではなく、国が制度をつくり、その実施も担当するものもあれば、国が制度の大枠をつくり、具体的な実施の仕方は各自治体が決めるというものもあります。さらに、国にはまだ制度や仕組みがない中で、自治体が新しい政策を先駆的に展開していくこともあります。

たとえば、法定労働時間を週四〇時間と決めて、違反企業を取り締まるのは国の仕事です。年金制度も国が制度をつくり運用も行います。自治体ごとに法定労働時間や年金の額が違うなんていうことはありません。一方、子どもに関する施策では、国は保育の提供や児童虐待への対策について制度をつくりますが、実際に児童相談所をつくるのは県、保育所の設置を進めるのは市町村です。たとえば、待機児童がたくさんいる自治体もあれば、子育て支援に力を入れていて、待機児童の解消にいち早く取り組む自治体もあります。国の制度にはない子どもを産み育てやすい独自の政策を積極的に展開している自治体もたくさんあります。たとえば、フィンランドには「ネウボラ」といって、妊娠から出産、子どもの就学まで、母子とその家族を切れ目なく支援する仕組みがありますが、この制度を日本でいち早く取り入れたのは三重県の名張《なばり》市などの自治体で、国が後からこれを見習って全国に広めようとしています。このように国家公務員と地方公務員では管轄するエリアと仕事が違います。

また、採用の方法の違いは、働く分野ともかかわってきます。先に述べたように、国家公務員は試験に合格した後、財務省、国土交通省、経済産業省、厚生労働省、文部科学省……といったように、自分でそれぞれの省庁を選んでそこに採用されることになります。つまり、国全体のことを決めていく仕事をするという点は各省共通していますが、就職に際して、自分がどの分野の仕事をするかを選べるということです。就職後に他の省庁に出向することはありますが、スタート段階で、まず自分が働きたい分野を決めることになります。

それに対して地方公務員は、「地域で暮らしに身近なことを扱う」という大きな軸は共通していますが、扱う分野は幅広く、就職後、教育問題に携わるかもしれませんし、高齢者福祉を担当するかもしれません。あるいは道路政策や防災政策、産業振興を扱うことになるかもしれません。もちろん、配属される際にある程度、本人の希望を聞いてくれる自治体も多いですが、職業生涯を通じて、非常に幅広い分野で仕事をすることになると思います。

同じ公務員とはいっても、このような違いがあります。公務員を志望するにあたっては、自分は特定の分野に限定して仕事がしたいのか、それとも、どの分野にまわされるかわからなくても住民に身近なところで暮らしに密着した仕事がしたい、あるいはさまざまな手段を通じて「地域づくり」をしたいのかなど自分のやってみたいことを考え、国家公務員がよいのか地方公務員がよいのか、地方公務員でも都道府県をめざすのか市町村にするのかを考え、選んでいくとよいでしょう。

ただ、第四章で詳しく述べますが、国家公務員として一分野を選んだからといって、全くほかの分野の仕事を経験できないわけではありません。他の省庁や地方自治体、ときには民間企業への出向もあり、突然、それまでの業務とあまり関係のない仕事を担当することになる場合もあります。私も外務省に出向して国連の仕事を経験しましたし、環境関連や農林水産業を所管するところに出向した同僚もいます。一方、地方公務員も、中央省庁に出向したり、関連の団体で経験を積んだりという機会もあります。こうした異動や出向は国家公務員にとっても地方公務員にとっても視野を広げて多様な経験を積む機会になっています。

企業と役所の違い

そもそも公務員とはどのような仕事なのでしょうか。まずは公務員の勤める役所と、会社員の勤める企業との違いから考えてみたいと思います。

企業と公務員の仕事を比較し、よく「民間企業は利益を追求する。公務員は公のため、みんなのために働く」といわれます。企業が利益を追求する組織であるのは紛れもない事実ですが、両者はそんなに単純に分けられるものではありません。

なぜなら、民間企業でも「人の役に立つ商品」や「人の役に立つサービス」を生み出し、提供しているからです。人々のために働いているという点では、公務員も企業も同じであるということができます。

特に最近は、企業にも社会や環境への配慮が求められるようになっています。国連が掲げる「持続可能な開発目標（ＳＤＧｓ）」*に対する取り組みもそうですが、政府や自治体はもちろん、企業もＮＰＯ（社会貢献等を行う非営利団体）の人たちも、みんなで世の中に対して何ができるかを考え、公共に貢献していく。そのような方向に世の中は変わってきています。

そのように企業も公益を担うようになってきている中で、では企業と公務員との違いはどこにあるのでしょうか。それは、企業は利益が出ないと存続できず、人のためになることを最優先にはできない、ということです。事業が基本的にペイしないといけない

（利益を出さなくてはいけない）のは企業の宿命です。これは、社会に必要であれば利益を生まないところにも税金を投入でき、ペイしなくても事業を継続し、組織も維持できる役所の仕事との最大の違いともいえます。もし、それがペイする事業で、企業が事業としてやってくれるのであれば、役所はやる必要がないということもできます。

＊持続可能な開発目標（ＳＤＧｓ）とは、二〇一五年九月の国連サミットで採択された「持続可能な開発のための二〇三〇アジェンダ」に記載された二〇一六年から三〇年までの国際目標のこと。持続可能な世界を実現するための一七のゴールと一六九のターゲットから構成され、地球上のだれ一人として取り残さないことを誓っています。日本でもこの目標達成に向かい、積極的に取り組んでいます。

株主のいない役所

企業と役所ではステークホルダーも違います。ステークホルダーは日本語で「利害関係者」と訳されることが多い言葉で、企業やＮＰＯなど、それぞれの組織の活動によって影響を受ける人々のことをいいます。

「株式会社」には「顧客」と「従業員」と「株主」という三つのステークホルダーがいるといわれます。お金を出して商品やサービスを買ってくれる「顧客」、その会社で働く「従業員」、そして、事業を行う元手となる資金を提供してくれる「株主」の三つです。これを役所に置き換えて考えてみるとどうなるでしょう。「顧客」は役所がサービスを提供する対象となる国民や住民と考えることができます。「従業員」はそこに勤める公務員ということになります。一方、役所には「株主」は存在しません。しかし、「役所が事業をするために資金を提供してくれる人」はだれかと考えると、「株主」にあたる存在は、税金を納めてくれる人、すなわち国民や各自治体の住民ということになります。

商品やサービスを提供し、顧客に使ってもらうことを考えたとき、このステークホルダーの違いはかなり大きな違いになってきます。

企業の活動について自動車会社を例に考えてみましょう。自動車会社はよい車を作って多くの人に満足してもらうという大きな目的をもって仕事をするわけですが、それを他社との競争の中で行います。したがって、たとえばトヨタという会社であれば、トヨタの車を買ってくれる人が増えるように仕事をしているということができます。日産でもホンダでもなく、トヨタの車を選んで買ってくれる顧客が増えれば、それによって業績が上がり、株を買ってくれる人も増えます。売上が伸びれば株価も上がり資金も集まるし、賃金も上がって従業員も幸せになれます。そして、よりよい車を作るために投資もできます。だから、品質を上げ、特色を打ち出して他社と差別化し、日産やホンダではなくトヨタの車を選んでくれる人が増えるような仕事をするのです。

公務員の仕事はそれとはかなり違います。民間企業の場合は顧客に自社の商品を選んでもらうので、その商品が好きではない人は別の企業の商品を買えばよいわけですが、公務員の仕事はそのようなわけにはいきません。公務員の提供する〝商品〟は、原則として代替が無いといえるでしょう。たとえば、年金制度や医療保険の制度などを考えるとわかりやすいのですが、サービスの受け手である国民や市民が、いくら日本の年金制度は嫌だ、日本の医療は良くない、年金や医療保険の負担が高すぎる、などと思っても、日本に住むかぎりは別の国の年金制度や医療保険制度を選ぶことはできません。公務員は国民や住民に決まった〝商品〟を押し付け、それを強制的に使ってもらわなくてはならないのです。

「株主」についても同様です。民間企業であれば、たとえば、トヨタがいい会社だ、将来性があり株価も上がるだろうと思う人がトヨタの株を買います。一方、役所については、この年金制度や医療保険制度がよい制度だと思っていなくても、強制的にその制度を運営するための税や保険料は納めさせられます。

そして、公務員はそのお金を使って仕事をします。

もともと、全ての人が大満足できる制度などできないことは、公務員にもわかっています。それでも、いえ、それだからこそ、できるだけ多くの人にとってよいものになることをめざして制度をつくります。

車の例でいうと、ある人にとっては「高いけれど、とても乗り心地のいい車」が最善で、別の人にとっては「少し我慢が必要なところもあるけれど、安く買える車」がよく、さらに「かなり高いけれど、環境問題を考えると価値のある車」がよいと考える人もいて、それぞれの顧客が、それぞれの価値観で買う車を選びます。

しかし、年金制度などは車のようにいろいろなタイプのものを用意し、一人ひとりの要望を満たすことはとてもできません。できるだけ多くの人が、この程度の負担でこの程度の給付の制度でいいだろうという、いわば最大公約数を探していかなければなりません。

繰り返しになりますが、熱烈なファンがつく商品ではなく、とりあえずみんなに「まあしょうがないか」とか「これで行くしかないな」と納得してもらえる制度をつくり、それをみんなに〝押し付ける〟。その制度に対して、国民や住民は拒否権を選択できない。そのような特殊な商品を扱っている組織が役所だということです。

そして、多様な立場や考え方の人がいる中で、ひとつの制度を押し付けて使ってもらう以上、それがよい商品、つまり多くの人のニーズを満たし、しかも長続きする制度であることを、公務員が〝顧客〟である国民や住民にきちんと説明してわかってもらうことも重要です。

また、今の国民、住民にとって良い制度というだけでなく、その子どもや孫の時代になっても持続できるものということも考えなくてはなりません。たとえば年金であれば、今の高齢者は十分な年金がもらえていても、今の子どもたちが高齢者になったときには年金財政が枯渇してもう払えないというようなことになっては困るわけです。だからこそ、慎重に制度を設計し、粘り強く意見を調整し、多くの人の納得が得られる制度にしていく必要があるのです。

ところで、ここでは国の政策を例にとって説明しましたが、地方自治体の場合も同じように、その自治体に住むかぎりは、その自治体の提供するサービスを受けることになります。一方で、あの市は子育てに力を注いでいるから、あの市に住もうというように、住民に「選ばれる」こともあるわけですから、その自治体〝らしさ〟をどうつくるかも大事になってきて、このあたりが地方公務員のおもしろさにもつながっていると思います。

公務員はニーズの翻訳家

世の中に必要な制度をつくること、時代の変化に合わせて制度を変えていくことは、公務員の中心的な仕事です。そして、さらにその制度の実施や監督までを担うことになります。そうした公務員という仕事を説明した言葉で、私の印象に残っているものがいくつかあります。それをご紹介したいと思います。

まず一つめは、「公務員の仕事は翻訳だ」というものです。これは、私が国家公務員になることが決まったときに、大学の恩師が贈って下さった言葉です。

公務員の仕事は、国民のニーズや願いを汲《く》みとり、それを翻訳して制度や法律の形につくり上げていく翻訳家のような仕事だ、というのです。

技術者と言い換えてもいいかもしれません。設計者の仕事は、「こういう車に乗りたい」「こんな車がほしい」という顧客のニーズに対応して、どのような素材や部品を使い、それらをどのように組み立てれば、そうした車になるかを考え、具体的な設計図に落としていく仕事です。公務員も同じように、「もっとこうだったらいい」「こんな仕組みがあれば……」という人々のニーズをつかみ、「こう組み立てたら、多くの人に役立つ制度になる」という設計図を描き、制度をつくっていきます。たとえば、子どもの貧困をなくしたいという課題があるとき、何が原因で子どもの貧困が生じているのかを分析しながら、その結果に基づいて、どういう政策を実施すればそれが解決できるのか、具体的な施策を考え、制度設計するのが公務員の仕事です。

ちなみに、政治家と公務員の役割分担はというと、国民の願いやニーズをつかんで政策の大きな方向性を決めていくのは政治家の仕事、その方針を踏まえて具体的な制度設計をするのが公務員と考えてよいと思います。車のたとえでいえば、わが社の次の新車は燃費の良い大衆車にすると決めるのは政治家、その方針のもとで車の設計図をつくるのが公務員です。

五〇を一〇〇にする仕事

「公務員は五〇を一〇〇にする仕事」という言葉も、納得できたもののひとつです。

社会が変化し、これまで問題として見えていなかったものが、新しい課題として現れてくることがあるでしょう。たとえば、高齢社会に伴い、介護の問題で困っている人が増えてきている、そういったようなことです。

そのような新しい課題が社会に出てきたとき、そこに課題があることにまず気づくのは、困っている人と直接触れ合う現場の人たちです。実際には、地域のＮＰＯや社会福祉法人が、最初に困っている人に手を差し伸べ、「こんな介護サービスがあるといいのでは」と対策を講じたりしはじめます。いわば、NPOや社会福祉法人は、「これまでなかったことを始める」仕事、つまり「〇を一にする」仕事をしているわけです。

〇が一になったことにより、そこに課題があることが世の中にも見えはじめます。その次の段階では、学者が「一を一〇にする」仕事をします。

たとえば、介護の例でいえば、高齢化が進むと、介護をするほうもされるほうもいろいろな負担がかかるようになり、家族内で解決しようとしても、とても間に合わなくなってきます。このように、問題が顕在化してきた段階で、学者は現状や始まったばかりの現場の実践を分析し、海外事情なども併せて、その問題に対してどのような対策が必要であるか、どのような手を打つのが有効であるかといった理論を提示します。学者たちの出した理論が、現場で見るに見かねて「実践」を始めた人たち、つまり先のNPOや社会福祉法人の仕事を後押しし、後にくる公務員が制度づくりを進める際の論理的な基盤となります。

課題に対して必要な打ち手が見えてきたら、次は企業の出番です。企業は社会のニーズを満たす新しいサービスを提供し、「一〇を五〇にする」仕事をします。世の中で必要とされ、そのサービスにお金を出す人がいるのであれば、公の制度がなくても企業が介護施設をつくったり、介護サービスを提供したりなどの事業活動を行うことができます。ただし、企業がその事業を行うのは、「それによって利益が出る」「経営が成り立つ」という条件付きの範囲であり、そうでなければその分野から撤退せざるを得ないことになります。そうなると、サービスを受けられる人はそれなりのお金を支払える人や、利用者が多く集まる地域の人だけになるかもしれません。企業が対象にするのは、あくまで事業として成り立つ範囲だけなので「五〇」というわけです。

しかしそれでは、あまり高額では支払えない人や、人口が少ない地域の人は、どんなに困っていても支援から取り残されてしまいます。本当に困っている人がいるならば、たとえ利益が出なくても何らかの対策が必要ではないでしょうか。そこがまさに、役所がカバーする部分です。介護サービスがみんなにとって必要なものであるなら、介護保険制度をつくって、必要な全ての人が適正な負担でサービスを受けられるようにする。そのように、公務員の仕事は「五〇を一〇〇に」していくものです。

現場と制度をつなぐ選択肢をつくる

現場で生まれたニーズをすくい上げ、本当に必要なことを制度にして、だれもが困らないようにしていくこと。

もう少し具体的にいえば、現場のニーズをもとに制度の設計図を描き、コストがいくらかかるかを計算し、「このような制度をつくると、みなさんの負担はこれくらいになりますが、いかがでしょうか」「別の方法として、このようなプランも考えられます」と複数の選択肢を示すこと。第二章で具体例を示しながら紹介しますが、公務員がしているのは、そのような仕事です。

このように公務員は、膨大なデータや情報をもとに、現状を分析し、制度の設計図をつくります。さまざまな研究や調査結果などを集めてくると、ある問題について、どこに障壁があるかが見えてくるものです。公務員は多くの人の協力も得ながら、膨大なデータや情報をもとに考え、現場で生まれているニーズとその解決のための制度までの間をつなぐ仕事、ということができるかもしれません。

先ほど選択肢を示すと書いたのは、制度をひとつのものに決める前に、公務員は何種類もの制度の設計図を用意するからです。最終的にできる制度はひとつでも、それに決定するまでは、「高いけれど、とても乗り心地のいい車」か「少し我慢が必要なところもあるけれど安く買える車」かを選ぶのと同じように、「負担が大きいけれど手厚く面倒をみてくれる制度」か「負担が小さいかわりに、サービスも必要最小限になる制度」か、あるいは「どこの地域でもみんな同じサービスが必ず受けられる制度」か「地域の特徴を生かして多様なサービスが展開できる制度」かなど、さまざまなプランが考えられるわけです。公務員はそういった複数のプランをつくり、それぞれにかかるコストやメリット、デメリットを提示します。

それらのうち、どれを選べば正解ということはありません。国全体としても「大きな政府をめざすか、小さな政府をめざすか」という選択肢の、どちらが正しく、どちらが間違いというものではありません。それはあくまで、私たちは社会をどのようにしていきたいのか、どちらのあり方がより好ましいのかという、人々の意思の方向性で決まってくるわけです。しかし、大きな政府をつくっておきながら、税金を安くするということとは不可能なので、公務員は「この大きさの政府なら負担はこのくらい」という前提条件、客観情勢をきちんと分析し、説明しなくてはなりません。

政権が交代して、政策がガラッと変わることがありますが、そのときも公務員はその政策を分析し、政治家に対して「この方向でいきたいのであれば、この条件を外すことはできません」「ここはこのようなリスクがあります」「それをすることで、ここはプラスになりここはマイナスになります」などと検討結果を説明していくことになります。

公務員が描いた設計図を現実のものにするかどうか、どの選択肢を採用するのかといった最後の大きな判断は、選挙で国民から選ばれてきた政治家が行います。日本は民主主義の国なので、最終的にどのプランにするのかということは、国民一人ひとりが選挙を通して選んでいくわけです。

制度は変えられる

若いみなさんの中には、今ある法律や制度は自分が仕事を選んだり、日々の暮らしを営んでいくときに〝与件〟として存在しているもので、この先もずっとこのまま変えられないと無意識のうちに思っている人もいるかもしれません。しかし、法律や制度は、人が必要に応じて、その都度つくってきたもので、あって当たり前のものではありませんし、一度つくったからそれで終わりだというものでもありません。

たとえば、私が若いときには週休二日は当たり前のことではなく、土曜日は半日出勤が一般的でした（これを「半ドン」といっていました）。しかし、労働時間が長いのはよくない、人にはゆっくり休息してリフレッシュする時間が必要だという考えのもと、先進各国の状況も見ながら、労働省（現・厚生労働省）が旗を振って労働時間の短縮を企業に呼びかけ、さらには「労働基準法」を改正してきた結果、現在、社会に週休二日制が定着しているのです。

また、現在は女性も普通に仕事をしていますが、つい三〇年ほど前まで、女性が外で仕事をすること、とりわけ、結婚や出産後に仕事を続けることは、必ずしも普通のことではありませんでした。学校を卒業した後に就職したとしても、結婚・出産退職は当たり前、定年は男性より早いという会社もたくさんありました。

そのような状況を変えるために「男女雇用機会均等法」ができたわけですが、その後も労働時間の規制は男女で異なっていて、たとえば、一部の職業を除いて、深夜の仕事は男性にしか認められない状況はしばらく続きました。コンビニでアルバイトをするときに、男子学生は何時まででも仕事をやっていいけれど、女子学生は一〇時以降のシフトに入るのは法律で禁止、なんていう時代があったというと、今の感覚からするとびっくりしますよね。

今の世の中で週休二日制が当たり前になっていたり、女性が働く環境が整ったりしてきたのは、世の中のニーズや意識の変化に対応して制度や法律が新しくつくられてきたからです。こういうことに困っているから、こういう世の中にしてほしい。そのようなみんなの声があれば、制度はだんだん変わっていきます。まだ完璧ではないけれど、みんなが声を上げれば、制度も社会もよくなっていくのです。そしてそれは、今もこれからも同じです。

制度も社会も、自分たちで変えられる。そのことを、ぜひ覚えておいてほしいと思います。そして、そういう制度づくりの場面で、公務員が一生懸命仕事をしていることに思いをはせてもらえるととてもうれしいです。

黒子として全体に奉仕

ここまで、法律・制度をつくり、変えていくという公務員の中心的な仕事について紹介してきました。私は公務員をやってきてよかったと思っていますし、それなりに自分に合っていたと感じていますが、どのような人が公務員に向いているかということについては、いろいろな考え方があります。その中で、私の考えていることをいくつか挙げてみましょう。

まず、公務員の仕事の大きな特徴として、自分のしたことに名前が残らない、ということがあります。

たとえば、国会議員が議員立法によって法律をつくる場合は、「○○議員提出の法案」というようにその政治家が中心になって法案をつくり、その人たちが努力して国会を通した法律だと公表され、記録にも残り、世の中にも認識されます。それに対して政府が法案をつくる場合は、制度設計も条文作成も公務員が行うのですが、たとえどんなに努力をしたとしても、その仕事に公務員個人の名前が残ることはありません。

学者も論文という形で個人の名前で自分の研究成果を発表していきますが、公務員はあくまで黒子であり、匿名の存在です。そもそも公務員の仕事はチームプレーですし、大きな仕事であればあるほど何代にもわたって仕事を引き継いでいくこともあり、決して個人で完結する仕事ではありません。

ですから、自分の名前で仕事をしたい人には公務員は向かない、ということができます。逆に、際立った個性や特殊な才能はなくても、みんなのために何かしたい、自分の名前が出なくてもだれかのために貢献していきたいと思える人なら、活躍できる仕事はたくさんあります。

たとえ表に名前が出なくても、自分がした仕事は自分自身が覚えています。たとえば、私はいわゆる「働き方改革」の仕事に何度も携わりました。先にも挙げたように昔は土曜日は半日出勤していたのに、今は週休二日制が当たり前になっているなとか、残業を減らそうと努力する企業が増えたなあとか、自分がかかわった仕事によって社会が変わったことを実感できるのです。そのような意味では、とても報われる仕事だと思っています。

一方、チームワークで行い、何代にも引き継いでいくため、公務員の仕事は自分が好きなようにできるわけではない、ということでもあります。制度は人々の意見を聞いてつくることが前提となりますし、人々の生活の根幹にかかわる大きな制度であればあるほど簡単には変えられないので、「やりたいようにやれる」という要素はまずありません。その意味では、自分の好きにやりたい、個性を思いっきり発揮したいという人には公務員は向かないかもしれません。

もちろん、個人の個性ある働きがあってこそ実現するという部分はあります。私自身が思い返しても、「あの制度は彼が全国を回って自治体の人たちを説得してくれたからこそできた」「彼女があのようないいアイデアを出したから、制度はこうなった」などということは、いくらでも思い出せます。しかし、それは彼らが好き勝手をしたわけではなく、人々のニーズを把握し、それに対して知恵を出し、行動し、みんなのコンセンサスをもらえた結果、制度になったものです。

それから、「誰かのために」「人のために」という仕事に対し、情熱を持って取り組めるかどうか。第四章で述べますが、公務員は（よいことではありませんが）長時間労働が常態となっているなど、勤務環境が厳しい仕事であることは事実です。その中で努力をしていくには、「ここをなんとかしたい」「よくするためにこうしたい」と思い続ける情熱が、やはり不可欠なものだと思います。

よいところは、「こうすれば人の暮らしは、この地域は、この社会はもっとよくなる」というような、「あるべき姿」を提示できることです。公務員は、現状把握や制度設計の役に立つさまざまなデータを持っているので、それらを根拠にしてあるべき方向性や理想を掲げることができます。それは公務員の特権といってよいでしょう。

黒子であり続けることに納得ができれば、人の役に立ちたい人、理想家肌の人には適した仕事だということができます。

感性でニーズを汲みとる

公務員にとって大切なものは何かと聞かれると、私はずっと「感性と企画力です」と答えてきました。

ここで「感性」といっているのは、世の中のニーズを感じ、汲みとれる力のことです。特に労働や福祉の問題を扱う厚生労働省では、だれが困っている、どう困っているということを感じ取る力が必要です。現場の動きや、データ、マスコミの報道など、さまざまなところにアンテナを張り巡らせ、みんながどんなことに困っているのかをキャッチする。そのアンテナの感度のよさは、公務員にとって大切な資質です。「問題発見力」といっていいかもしれません。

制度を組み立てる企画力

感性でニーズを汲みとったら、今度はそれを解決するための法律や制度をつくりますが、そのときには、どのような制度が必要なのかを発想し、組み立て、現実的なものになるよう詰めていく力、すなわち企画力、言い換えれば「問題解決力」が大切になってきます。

企画力などというと、頭がよくてクリエイティブな人が持っている資質というような、ややハードルの高いイメージがあるかもしれません。これについては、ある先輩が退職するときに贈ってくださった言葉がとても印象に残っています。

それは「企画力は経験で補える」というものです。

「頭のよいエリートでなくては公務員はできないかというと、そんなことはありません。もちろん、頭が悪いよりいいほうがいいに決まっていますが、頭がいいだけではだめで、さまざまな場面で政策をつくってきた経験がとても重要です。その経験が企画力につながっていくのです」

この言葉は平凡な私にとってとても有難く、今になってみれば、確かにその通りだったと思います。

たとえば、私は障害者雇用を促進するための「トライアル雇用」という制度をつくったことがあります（第三章参照）。三カ月間、企業にお試しで障害者を雇用してもらう制度です。この試用期間が過ぎて企業と雇用者双方が希望した場合は、本採用に進むという仕組みです。

これは、どのような制度をつくれば、企業に障害者を雇用してもらえるのかを考えたところからスタートしています。そもそも障害者を雇用してみようと思ってもらうこと自体が大変なのだから、まずは入り口のハードルを下げて経験してもらおうという発想からできた制度です。ふたを開けてみたら、三カ月後には九割近くが本採用に進み、制度は大成功しました。

この制度自体の成功はもちろんよかったのですが、だれかに何か新しいことをやってもらうときには、最初の一歩のハードルを下げるとか、まずは経験してもらうことがとても有効だと知ったことが大きな収穫でした。そうすると、次に同じような場面に出会ったとき、待てよ、最初から理想形を追い求めるのもいいが、少しハードルを下げて、多くの人にまず体験してもらうやり方もあるぞと考えることができます。成功した事例は、その分野だけでなく、その後、いろいろなところに応用が利いてくるのです。失敗した場合も、同じように、このやり方は避けたほうがいいと知ることができます。何か問題が起き、これからの対応を考えていこうとしたときには、過去に起きた似たパターンの問題の経験から発想していくことができるのです。

ですから、自分は秀でた発想力が必要な企画なんてできないのではと、最初から心配する必要はありません。経験を重ねていけば、そこから応用して企画ができるようになります。公務員の仕事には、そのように積み重ねが生かされるところがあるのです。

納得してもらうための説明力

私はずっと、公務員に大切なのは先の二つ（感性と企画力）だと考えてきましたが、五〇代になり、もう公務員生活も終盤に差しかかったとき、もうひとつ大事なことがあると気づきました。「説明力」です。

気づきのひとつのきっかけとなったのは、天台宗大阿闍梨《だいあじゃり》の酒井雄哉《さかいゆうさい》先生とお目にかかったことでした。酒井先生からは「リーダーになるべき人は『聖』の字の通りの人だ」と、教えていただきました。「聖」の左側には「耳」があります。多くの人の声や話をよく聞く人ということです。右側には「口」があります。それは、みんなが進むべき道や、こうあるべきだという像を説明できる人だということです。そこに「王」がつくと、それこそがリーダーなのだと、酒井先生はおっしゃったのです。

リーダーというと、まずは政治家のことをいい、公務員は直接当てはまらないかもしれません。しかし先生は、仕事の内容に照らすと、実はこの話は公務員に引き寄せて考えることができるといわれました。

いくら公務員がよい政策だと主張したところで、国民の理解が得られなければ、最終的にその政策は成り立ちませんし、成立しても応援されません。理解されなければ、正しい政策であっても反感を買うし、そのために効果が上がりにくくなるかもしれません。政治家と国民に対して、公務員がどれだけ事前にきちんとした情報を届けられたか。それによって、その後の勝負がついてしまうようなところがあります。

政策を理解してもらい、新しくできる法律や制度がよいものであることをみなさんに納得してもらうための「説明力」は、どのような省庁、自治体にも共通して大切な力ではないでしょうか。


振り返れば、私自身も「説明力」の大切さを実感した仕事がありました。

一九八七、八八年、労働基準法の改正が進められていたときのことです。当時、労働基準法で定められた労働時間は週四八時間で、すでに書いたように、多くの企業で土曜日も半日出勤がありました。当時の労働省では時代の要請や国際情勢に鑑《かんが》みて労働時間の短縮を進めており、法律でも労働時間を週四〇時間に改正することが決まっていました。そこで、法の施行を前に、企業にも「そろそろ週休二日制にしませんか」と提案しようとしていたところでした。

その頃、企業の多くが考えていたのは、「これまで週に六日働いていたのに、五日しか働かなくなると仕事は仕上がらないし、従業員は給料も減るわけだし、どうしてそんなことをしなくてはいけないのか」というようなことで、週休二日制の価値にはピンときていない状況でした。

私は当時、島根労働基準局（当時の労働省の出先機関）で監督課長というポストについていました。監督課や監督署というのは、労働基準法や安全衛生法に違反している企業を取り締まる仕事をするところです。仕事の中心は労働基準監督官（通称「労働Gメン」）と呼ばれる専門家たちで、マルサの人たちと同じように企業の中に入っていって工場の中を抜き打ちで検査したり、書類を出させたりすることができる権限を持っています。重大な法違反を見つけたときには逮捕権も持っています。

つまり、普段の仕事は、すでにある法律に則《のっと》って権限を以《も》って取り締まりをすることですが、このときやらなくてはいけなかったのは、まだ施行される前の法律について、時代が変わって法律も新しくなるのでこうしましょうとＰＲする仕事です。監督官にとっては、これまで経験したことのないソフトなタイプの仕事でした。

監督の仕事に初めてついた私と、まだできていない法律のＰＲをするというソフトな仕事は初めてという監督官が一緒にあれこれ悩みながら、どうしたら週休二日制という新しい制度の価値が伝わるか、企業の人たちに理解してもらえるかを考え続けました。

思いついたのは、学生たちに調査をするということでした。島根県にある高校、短大、大学の協力を得て、学生たちに「週休一日で週六日働く企業と、週休二日で週五日働く企業があった場合、どちらを選びますか。また、どのくらいならば給料が安くても週休二日の企業を選びますか」というアンケートを実施しました。

この意識調査の結果、出てきた回答は、「学生たちは、給料が一万～二万円低くても週休二日を選ぶ」というものでした。若い人はお金以上に休みをほしがっている。週休二日制に、若者は価値を見出《みいだ》している。調査によって、それが数字としてはっきりと示されたのです。

調査結果は地元最大手の新聞「山陰中央新報」に大きく取り上げられ、非常に大きなPR効果を発揮し、週休二日制に対する県内の企業の理解が一気に進むことになりました。

広報は重要です。新しい法律がポンとできても、企業の人たちがその必要性、重要性を納得していなければ、施策は浸透していきません。このときは、いい形で、新しい法律の意義を広報できたと思います。

この経験について、当時は「やはり広報は大切だ」と認識していたのですが、今思えば、説明力の重要性を示す事例だということもできそうです。

説明力も鍛えられる

「説明力」といっても、いま現在、自分が立て板に水のように話ができないからといって、そこで臆する必要は全くありません。私自身、若い頃は対人恐怖症のようなところがあり、民間企業よりも営業的な仕事をしなくてもいいだろうから、公務員が向いているのではないか、と思っていました。

しかし、仕事とはありがたいものです。学校では人見知りの私に級友はあまり話しかけてきませんでしたし、自分から話しかけるのは勇気がいるのでできませんでしたが、職場だと嫌でも上司や同僚が話しかけてきます。どんな新人であっても、職場に入った途端、仕事相手から声をかけてきますし、上司は指示をしてきます。こちらからもとにかく、仕事の報告をしなくてはなりません。向いていようがいまいが、嫌でも人と接する経験を、毎日毎日、何年も何十年も積み重ねることになります。

そのような私が四〇歳ぐらいのころ、初めて課長になり、部下の二〇代の係長を連れて国会議員の説得に行ったことがありました。その帰りに、係長に「課長、交渉、上手ですね」と言われ、本当に驚きました。そんなふうに見えたのか、だとしたらこの二〇年で私は、なんて変わったんだろう。それがそのときの正直な気持ちでした。

仕事というのはそのように、自分の知らない自分を引き出し、成長させてくれるところがあります。もちろんそれは公務員だけのことではありませんが、自分を成長させてもらえて、人に貢献もでき、お給料ももらえるなんて、公務員という仕事は、なんて〝お得な仕事〟なのだろうと、私は思っています。

公務員にはいろいろなキャラがいる

公務員試験にたくさんの試験区分があることはご存じの方も多いと思います。たとえば、国家公務員の「大卒程度試験」の場合、「政治・国際」「法律」「経済」「人間科学」「工学」「数理科学・物理・地球科学」「科学・生物・薬学」、「農業科学・水産」、「農業農村工学」「森林・自然環境」と一〇もの試験区分があります（二〇一九年度）。公務には非常に多様な仕事があって、さまざまな分野の専門を学んだ人を求めているのです。
また、業務の種類も、調査研究的な業務もあれば、政策をつくる部署もあり、その政策を履行する部署や、制定されたルールが遵守されるように監督する部署もあります。仕事のバリエーションはとても幅広いので、どのような人も自分に向いている仕事を何かしら見つけられると思います。

私は若い頃、最も地味な仕事といえる統計調査の業務を二年ほどしていたことがありました。地味ではありましたが、その経験があったからこそ、いつでもデータの重要性を考えることができるようになり、それが島根労働基準局への出向の際に、すぐに「調査をやりましょう」と提案できたことにもつながりました。数字を読む習慣がついたことも、非常によかったと思っています。華やかではない基礎資料をつくる部署であっても、そこでの仕事が後からとても役立ちました。

また、公務員は何しろ人数が多いので、いろいろなキャラクターの人がいます。勢いで押していくタイプもいれば、着実に積み上げていく人もいますし、攻めるのが得意な人も、守るのが得意な人もいます。

実際、私が一緒に仕事をした同僚たちにも個性的なメンバーがたくさんいました。とにかく風呂敷を広げたがる、というタイプの人がいます。しかし、風呂敷で荷物を包んで運ぶには、端と端を結ばなければいけません。だから、政策を立案するときに風呂敷を広げすぎ、中に荷物を盛り込みすぎて端と端を結べない、制度が実現できないということになっても困ります。

そんなときはそのサイズの風呂敷には最終的にどこまでなら入るかを見極めながら、てんこ盛りになった荷物を減らしていくタイプの人の出番です。だいたい風呂敷を広げる人はどの仕事のときも広げすぎ、荷物を減らしていく人は、どの仕事のときも積み上げられた荷物を減らして、なんとかその風呂敷で運べるようにしています。性格によって、どちらのタイプかにはっきりと分かれるように思います。

広げすぎた風呂敷の後始末をする役回りの人にとっては、現実的ではないところまで風呂敷を広げるのはちょっと……という思いもあるでしょうが、新しい制度をつくるときにはまずは幅広く、構想を豊かに膨らませることがとても重要です。たとえば、私のような堅実なタイプが制度の最初の下図をつくると、こぢんまりした魅力のない制度になってしまう可能性もあるわけです。

また、みんなが解決方法を考えあぐねていたことに対し、切れ味鋭くポンと答えを出せるような、頭の回転が速く、独創性が高い人もいます。しかし、概してそういう人は周りとよく衝突します。

私の身近にも、そんな優秀な人がいて、いつも政策づくりをリードしてくれていました。私はいつもその人に助けられていたのですが、ある日、その恩を返す日がやってきました。福祉財源を確保するために経済団体に費用の負担をお願いするべく、その人が説明に行ったときのことです。しばらくしてその経済団体から、「もう一回説明をし直してくれ」と連絡がありました。理由を聞くと、「いやあ、浴びせ倒しは困るんだ」というのです。その人の説明は理論的には非常に正しくて、反論の余地はなかった、しかし、先方としては浴びせ倒された敗北感だけが残って、素直に頼みを聞く気になれなかったということのようです。そこで、私からもう一度、丁寧に説明をしてほしいというわけです。もちろん、役所の考え方を説明するのですから中身は同じ、そこを今度は丁寧にお願いをするというトーンで説明して納得していただきました。キャラの違いによって、出番がそれぞれにあるということが、そのときよく理解できた気がしました。

それぞれ違うキャラクターの公務員同士が、お互いのよいところを活かし、苦手なところを補い合ってよい方向に向かうための仕事ができるというのも、チームワークが基本の公務員という仕事のおもしろさではないでしょうか。

調整型の役割

私が厚生労働省の事務次官になったとき、「調整型官僚」だと新聞か何かに書かれました。そのとき、私は「調整型」という修飾語を、褒め言葉ではないなあと受け止めました。強力なリーダーシップで進むタイプとか、独創的な発想の人とかいわれたほうが、ずっとかっこいいですよね。

しかし、公務員を退職した今は、「調整能力」ということについて、それとは別の思いを抱くようになっています。

国民全員が国の〝顧客〟であり〝株主〟である以上、公務員は提案したことを、ある程度、みんなに納得してもらわなくてはいけません。そうであるとすると、周りを見渡しながら調整していける能力は、やはりとても大切なものです。特に、複雑な問題であればあるほど、これがベストな政策だとみんなが諸手を挙げて賛成できるようなことはなかなかありません。

公務員のつくる制度には、全員の利害が全て一致するようなこともなければ、その政策を進めたら国民全員が喜ぶ、というようなものもなかなかありません。効果のある政策を進めようとすれば、その分、余計にお金がかかることにもなります。とにかく、こっちを立てるとあっちの人は怒るというようなことばかりで、その状態をなんとかしていくためには、「調整」という仕事は欠かすことができません。私は、いつも自分の仕事を「連立方程式を解く」ような仕事だと思ってきました。

調整ということ自体は、とかく妥協するとか、定見が無いなどといって、ポジティブに語られることは、これから先もないかもしれません。しかし、今の私は、調整能力は公務員にとってとても大切な能力だと思います。かつてはあまりうれしくなかった「調整型」という形容詞ですが、今は、それは公務員として大切な能力だと誇りに思っているのです。

これに関してもうひとつ思い出すことがあります。二〇〇五年に制定された「障害者自立支援法」をつくっていたときのことです。当時、障害者政策に精通している大阪の自治体の方々と話をする機会が多かったのですが、そのときにいわれたのが、「今回は村木さんに騙《だま》されてみることにするよ」という言葉でした。そのときは「騙されるなんて人聞きが悪い」と思ったのですが、これも、後から考えれば褒め言葉のようなものだったのだと思います。

というのは、「障害者自立支援法」は障害者福祉にきちんとした財政措置をしていく代わりに、障害者から利用料をとるという、いわば諸刃《もろは》の剣のような法律でした。それを、最も障害者政策の進んでいた大阪の人々が、受け入れるということは、とても勇気のいることだったと思うのです。私たちの提案を受け入れるという決断をする、信じてみてくれる。それが「騙されてみる」という言葉に表れていたのだと思うと、なんてありがたいことだったのかと思えてきます。

やろうとしていることをきちんと説明して理解してもらうことで、調整というものができていく。こうした力は公務員にとってとても大切だと思います。

第二章　公務員の仕事①——新しい法律や制度をつくる

第一五条【公務員選定罷免権、公務員の本質、普通選挙の保障、秘密投票の保障】①　公務員を選定し、及びこれを罷免することは、国民固有の権利である。
②　すべて公務員は、全体の奉仕者であつて、一部の奉仕者ではない。

日本国憲法第一五条に規定されている公務員（『六法全書』より）

1　新しい法律をつくる

世の中のニーズに気づく

ここからはいよいよ、公務員は具体的にどのような仕事をしているのか、私の体験を通してお伝えしていこうと思います。

第一章で、制度をつくることはとても大切な公務員の仕事であると書きました。新しい法律をつくっていくことは、公務員にとって最も大変であり、かつ、醍醐味《だいごみ》でもある仕事です。新しい制度を設計していくにあたって、どのようなプロセスを経ていくのか、みていきましょう。

世の中には多種多様な問題があり、それぞれに困っている人がいます。その中で公務員は、そのときどきにおいて見逃してはいけないニーズ、政策的にスポットを当てるべきニーズをどのように発見し、すくい上げていくのでしょうか。

問題をとり上げるきっかけのひとつに、陳情や請願があります。当事者の方たちが行政や政治家に、このような現状があるのでなんとかしてほしいと、面会したり、文書で要望を出したりすることですね。

しかし、困っている人がだれでも陳情に行けるかというと、決してそんなことはありません。陳情に行こうと思える人たちというのは、組織化されていたり、陳情するだけのパワーがある人たちで、そうではない人は困っていても陳情に行くことはありません。たとえば子どもの貧困の関係では、「子どものおよそ七人に一人は相対的貧困の状態にある」ということが分かっていますが、そうしたたくさんの子どもやその親が大勢で陳情にやってきたということはあまり聞きませんよね。

でも、陳情がないから問題がないわけではありません。声は上がらなくても、そこに問題があるということはたくさんあります。そういった問題を発見するときには、まず、役所の所有するデータが役に立ちます。役所というところにはいろいろなデータが膨大に集まり、公務員は日々、それを見ることができます。すると、たとえば失業率が上がっているとか、若い人の収入が減っているとか、一人暮らしのお年寄りが増えているとかいうようなことが、なんとなく体感的にではなく、客観的な事実として把握できます。子どもの貧困も、役所のデータで把握することができるわけです。それがひとつのきっかけになります。

また、マスコミやNPOの人たち、自治体の人たちが現場で持つ実感というものも、その問題を目に見えるものにするきっかけとなります。たとえば自治体の窓口にいると、最近、この問題で困っている人が増えているようだとか、困って行政を頼ってくる人には共通する傾向がある、ということは体感的につかめます。このように、それぞれの立場で個別にさまざまな問題をキャッチする人たちがおり、それらが少しずつ声になって世の中に出てきます。

そうなると役所では、そういう問題が話題になることが増えているけれど、実際はどうなっているのか、本当にそうなのかと、現場の人たち、たとえば、自治体の職員や、NPOの人などに話を聞きにでかけたり、現場を見に行ったりします。また、データを見て数字にそういう兆候が表れていないか確認することもします。すると、問題がすでに数値に表れていたり、まだ問題視するほどの変化ではないけれども傾向としてはうかがえたりします。後者の場合は、今すぐ手を打つほどではないにしても、今後もその傾向が続くようであれば何かしたほうがよいだろうと、注視する対象にします。

このように、当事者から直接に要請を受ける、データから課題を見出《みいだ》す、現場をよく知っている人の話から教えられるなど、課題に気づくきっかけはさまざまです。アンテナをたくさん立てられるかどうか、そこに引っかかってきたことを拾うか拾わないか、見逃すか見逃さないかというのは、行政側のセンスでもあるわけです。第一章で述べた通り、私はそのようなニーズに気づく感度のよさ、すなわち感性は、公務員にとって大事な資質のひとつだと考えています。

対策が遅れると〝爆発〟することも

なんとなくそこに課題があると感じていながら、対策が後手後手に回り、突然みんなの目に見える形で爆発することもあります。二〇〇八年から〇九年の年末年始の「年越し派遣村」は、潜在的に、しかし確実に存在していた問題が一気に爆発した一例といえます。

二〇〇八年九月、アメリカの投資会社リーマン・ブラザーズの経営破綻をきっかけに、世界的な経済危機が起こりました。影響は日本にも及び、製造業では生産量を減らす必要が出てきました。そのため派遣社員や契約社員として製造業で働いていた人たちが契約を打ち切られ（いわゆる「派遣切り」）、大量の失業者が出てしまいました。製造業の現場では工場の寮に住んでいた人も多く、派遣切りによって、仕事だけではなく住む場所も同時に失ってしまったことも、問題をより深刻なものにしました。

この問題に気づいたＮＰＯや労働組合の人たちが、年末に日比谷公園にテントを張って炊き出しなどを行い、行き場を失って困っている人たちを一時的に保護する活動を始めました。しかし、その活動が報道されると、公園のテントに収まり切れないほど大勢の人が集まってしまったのです。厚生労働省も急遽《きゅうきょ》、庁舎の講堂を開放し、この人たちが寝泊まりする場所として提供することになりました。年末年始で通常は役所の窓口はしまっているのですが、このときには特例として、就労相談や生活保護相談も行われることになりました。

パートや派遣労働などのいわゆる非正規雇用は、社会の中で新しく生まれてきた労働形態であり、一面では雇う側、働く側双方にニーズがあって生まれてきた雇用形態でした。しかし、その一方で、それは不安定な雇用の増大として危惧もされていました。その悪い側面が一気に目に見える形で爆発したのが、年越し派遣村だったように思います。

保育所の待機児童問題も、そのような例のひとつでした。働きたくても、保育所に空きがなくて子どもを預けられず、仕事に復帰することができない。これも長いこと存在していた問題でしたが、働く女性が増えてくるにしたがって深刻な社会問題になり、二〇一三年頃から、東京都杉並区を皮切りに都内のあちこちで、子どもを保育所に預けたい保護者たちが集まって抗議運動が展開されるに至りました。この動きは、お母さんたちの「反乱」、「保育園一揆《いっき》」とも呼ばれました。今までは保育所に入れなかった人たちはバラバラに存在していて、みんなが集まって陳情に行くということはありませんでしたが、SNSの普及などに伴い、同じ困りごとを抱えている人同士が連帯することが容易になり、みんなで集まって行政に働きかけるという動きが出てきたのです。それによって、待機児童の問題で困っている人がとても多いということが、一気に関係者の共通認識になり、また、一般の人たちの目にも触れることになりました。

その後二〇一六年に、ある若いお母さんがツイッターに書き込んだ「保育園落ちた日本死ね！！！」という強烈な一言をきっかけに、待機児童問題はさらに大きなうねりとなり、世論を動かしていったことは記憶に新しいと思います。

このような〝爆発〟によって表に出てくる問題もあれば、爆発はしないまでも、前述したように窓口にいると気づくことはありますし、NPOの人たちがいち早く気づいて当事者の代わりに声を上げてくれることもあります。現在はインターネットでの個人の発信が容易になり、これまで声を上げられなかった人たちが上げる術《すべ》を持ち始めて、潜在的な問題が表に出てきやすくなっています。

役所ではこうして見えてきた問題を、実際のデータを見ながら検証し、政策として取り上げていくことになります。

たとえば、労働時間短縮を進めたとき（一九八七年の労働基準法の改正）は、調査した日本の年間労働時間が欧米先進諸国の労働時間と比較して、相当長かったことが大きな根拠となりました。労働時間が長いと、健康を損ないやすい、家事や子育てを中心的に担っている女性が活躍しにくい、自己啓発に使う時間がないなど、さまざまな弊害があると考えられます。そのため、日本もそろそろ先進国にふさわしい労働時間にしたほうがよいだろうということで、法律を変えることにしたのです。

また、一九八五年に制定された「男女雇用機会均等法」は、国内で男女平等の機運が高まったことに加え、国連では女性差別撤廃条約が採択され、これを国として批准することが国際的な要請になったため制定に向けて大きなドライブがかかった法律です。これについては第三章で詳しく見ますが、このように国際条約や裁判の判決などが新しい法律や制度づくりのきっかけとなったり後押しをしてくれたりする場合もあり、ニーズを見出し、政策をつくるきっかけはさまざまです。

対策の打ち方を考える

そこに問題があるとわかっても、対策の打ちようが簡単には見えないこともあります。これはやりようがないと思ってしまうと、生真面目な公務員ほど、その課題を取り上げる勇気がもてなくなるところもあります。着地点が見えないのに無責任にスタートは切れないというわけです。ですから、問題に気づいてすくい上げる感度のよさも大切ですが、どのように取り組んでいくのかという解決策を生み出すことが重要です。

つまり、公務員にとっては、そこにある問題に気づく感性とともに、具体的な対策を考えていく企画力も大切であるということです。これらはどちらかがあればよいのではなく、相互にそろって育てていく必要のある力です。

ある問題が出てきたときに、政治主導で課題に取り組むのか、それとも役所がイニシアティブをとるのかは、その内容によっても違ってきます。年越し派遣村のように大きく社会の関心を呼んだ事案では政治家がリーダーシップを取り、そこから役所になんとかするよう指示が下りてきました。他方、目立たない問題について役所側が先に課題発見をすれば、対応策の必要性を整理して政治家に相談をしていくという形を取ります。また、少子高齢化をどうするかといった、だれが考えても明らかでかつ重大な問題となれば、政治家と役所の共同作業で進んでいくということもあります。いずれにしても、解決策の具体的な制度設計のところは役所が担うので、公務員は、何か起きたときにつねに当事者として受け止め、行政としてやらなくてはいけないことがないかどうかを考えていかなくてはなりません。

新しい法律「生活困窮者自立支援法」

では、新しい法律というのはどのようにつくっていくのか、私自身がかかわったもので比較的新しい、「生活困窮者自立支援法」〈二〇一三〈平成二五〉年成立〉を例にみていきたいと思います。

「生活困窮者自立支援法」というのは、生活に困っている人、特に経済的に困っている人に対して、相談に乗り、住居を確保したり、家計を立て直したり、就労や子どもの学習を支援したりという各種の自立支援措置を講じて、生活を立て直す手助けをしていくことを目的とした法律です。

この法律ができるまでは、そのような状況にある人を支援する制度は、生活保護しかありませんでした。生活保護は、「資産や能力等すべてを活用してもなお生活に困窮する国民に対し、困窮の程度に応じて必要な保護を行い、健康で文化的な最低限度の生活を保障し、その自立を助長する制度」です。つまり、あらゆる手段を尽くしても自分では暮らせないというときに頼る制度であり、そこまでの状況に至る前に、「助けて」と声を上げ、頼る仕組みはありませんでした。「生活困窮者自立支援法」によって、どうしようもないという状況に陥る前に生活を立て直せるように支援する仕組みを、ようやく整えることができました。

成立した「生活困窮者自立支援法」による困窮者への支援は多岐にわたります（表A）。これらの支援事業を実施するのは自治体です。自治体がこうした事業を実施するにはお金もかかるため、自治体に経費の助成ができるよう数百億円の予算もつけました。

【表A：「生活困窮者自立支援法」による困窮者支援】

自立相談支援事業

生活に困りごとや不安を抱えている人の相談に乗ります。支援員が、どんな支援が必要かを相談者と一緒に考え、具体的な支援プランを作成し、寄り添いながら自立に向けた支援を行います。

住居確保給付金の支給
離職などで住居を失った人に、生活の土台となる住居が確保できるよう一定期間家賃相当額を支給し、就職に向けた支援を行います。
就労準備支援事業
「社会との関わりに不安がある」、「他の人とコミュニケーションがうまくとれない」といった不安を抱える人に、就労に向けて基礎能力を養いながら就労に向けた支援や就労機会を提供します。
就労訓練事業
直ちに一般就労することが難しい人に、その人に合った作業機会を提供し、中・長期的に就労訓練をします（「中間的就労」と呼ばれています）。
一時生活支援事業

住居をもたない人、またはネットカフェ等の不安定な住居形態にある人に、一定期間、宿泊場所や衣食を提供します。退所後の生活に向けて、就労支援などの自立支援も行います。

家計相談支援事業
家計の立て直しが必要な人に、相談者が家計の根本的な課題を把握し、自ら家計を管理できるように支援します。

生活困窮世帯の子どもの学習支援
貧困の連鎖を防止するため、子どもの学習を支援し、進学や高校進学者の中退防止を図ります。

審議会で法律のベースをつくる

「生活困窮者自立支援法」をつくる過程ではさまざまな苦労がありました。制定にかけた期間は三年ほどで、私はその後半部分を担当しました。法整備にあたっては、まずこのテーマに関する検討の場をつくり、現状の問題点を洗い出し、必要な施策について検討しました。具体的には、「社会保障審議会　生活困窮者の生活支援の在り方に関する特別部会」という検討の場を設けました。集まっていただいたのは、自治体の職員や現場でホームレス支援や困窮者支援をしているNPOの方たちやこの問題を長く研究してこられた学者たちです。そこでまず検討されたのが、生活保護制度の見直しでした。

というのは、生活保護というのは、「これで食べていきなさい」と困窮者に最低限の暮らしをしていくためのお金を給付するものです。しかし、お金を渡すだけでは、その人はなかなかその状況から抜け出すことはできません。とりわけ、ほかに手段がないという段階になるまで支援がスタートしないこともあって、そのお金によって生きていくことはできますが、生活を立て直し、生活保護から脱却できる人が多く出てくるかというと、必ずしもそうはなっていません。そこで、もう少し早く手を伸ばさなくてはいけない、困っている人にもっと寄り添わなくてはいけない、その人の立ち直りを一緒に考えてやっていかなければいけないという発想が出てきました。

では、どうするのか。議論していく中で、生活保護法とは別に、その施策を実施するための新しい法律をつくるのがよいのではないか、という話になりました。

法律にどのような支援策を入れていくのかが、議論の中心でした。表Aに示した支援策が最終的に決まったメニューですが、あれもこれもバラバラに入っていてとりとめがない、という印象を受けたかもしれません。しかし、それも致し方ないところがありました。

というのは、法律を検討した時点で、現場の支援の方法には体系立ったものはありませんでした。人が困窮に陥る原因はさまざまですから、したがって、対応策も多岐にわたるというのは当たり前ですよね。だから私たちは、生活困窮者を支援するという大きな目的と、そのために踏まえておきたい基本的な理念を書いたうえで、施策としては、現場ですでに先駆的に実践されていて、実際に効果があったと思えるメニューを列挙して、自治体が実態に合わせてそれを実施するというかたちの法律をつくることにしたのです。要するにこれは、実践の場から出てきた法律、実践家の人たちが中心になってつくった法律といえます。

法律のかたちに悩む

とはいえ、個別の施策をそのまま盛り込んだことにより、法律として体系立った記述ができていないことについては、私自身、非常に悩んだところでもありました。正直なところ「なんだか美しくない法律だな」と思っていました。

実は、法律のかたちをつくってきた特別部会のメンバー自身も、やはり同じように感じていました。

しかし、結局今回はこれでよいと結論しました。なぜかというと、この法律は、まだ未完成かもしれないが、しかし今後、完成に近づけていけばいいのではないか、そう思ったからです。

法律に入れられた施策の有効性・有用性は、すでに現場で証明されています。だから、まずは、これによって有効な支援はできる。しかし、法律にしたがって各地で支援をしているうちに、なぜ困窮者が困窮しているのか、どうやったらそこから立ち直れるのかということについて、ほかの支援手段が見つかるかもしれない。新しい方法が見つかれば、それも法律に加えればよいではないか。そのように、運用していく中でよりよい方法を発見し、必要とあらば法律の改正をしていけばよい、と考えるに至ったのです。

財務省を説得し、予算を確保

法律をつくってもお金を出してもらわないと施策を実行し、制度を運営することはできません。実現させるには財務省を説得して予算をつけてもらう必要があります（法律施行に際しての予算の獲得については追って紹介します）。財務省に話しに行くと、当初は「こんなに財政事情が厳しいときに、『困窮者』というだけで、あまりに対象が漠然としていて広すぎる」「早くに支援の手を差し伸べるというけれど、これで、生活保護の人が本当に減るかどうかわからないよね」などと、渋い顔をされました。財政当局としては枠組みを縮めたい、私たちは広げたい。そこでバトルになるわけです。

一度制度ができ、運用してみて効果があったとなると、お互いにそれをわかった上で「現場の実感に合うように、この部分をこう変えよう」などと具体的に議論できるのですが、まだ何も始まっていない、本当に効果が出るのかわからない状態で議論するので、向こうは当然、慎重になります。新しい法律や制度ができるまでは、予算の折衝には非常に苦労するものです。

自治体を説得

有効な支援策をメニューに入れて、予算もつけました。ただ、困窮者支援の必要性を実感している自治体もあれば、関心の薄い自治体もあります。また、全ての支援策が、全ての自治体で同じように必要であるとは限りません。そこで、それらのメニューの中で何を実施するかということは、それぞれの自治体に選択してもらうことにしました。ただし、基本となる困窮者からの相談を受け止める体制づくりなどはどの自治体にも必ずやっていただきたいのでそうした必須のメニューも作りました。これについては、国が自治体に「法律で決まったので、必ずやってください」と強制するわけです。

実際には、特別部会のメンバーにも自治体代表が入っていますし、法律をつくる途中で、「これからこのような法律をつくりたいので、自治体にはこういう役割を担っていただきたいがどうだろう」と、自治体、具体的には知事会や市長会、町村長会などに事前に相談に行きます。自治体側としては、お金も人手も十分ではない中で新しい仕事が増えるわけですから当然反発もあります。また、かかる費用の内、国がどれだけ支援してくれるかも、大きな問題です。このときは、困窮者支援に先駆的に取り組んでいる自治体に応援してもらいながら、他の自治体の説得を進めていきました。

自治体や、財務省、そして最終的には法案を審議する国会議員の方々を説得するのに、現場で支援を行っている方々の話には、とても説得力がありました。

たとえば、ホームレス支援をしている人たちが積み重ねてきた「こうすれば生活再建につなげていきやすい」というノウハウ、九州のグリーンコープが行っている家計相談が生活の立て直しにとても効果があったという実績、あるいは埼玉や佐賀にある団体が行っている学習支援によって、生活困窮世帯の子どもたちがドロップアウトせずに高校に進学できたり、高校を卒業できたりしているという成果。それぞれの支援策が、困窮した人たちの生活の立て直しにどのように役立ってきたかを具体的に伝えることで、なんとか納得してもらうことができました。こんなふうにしてできたのが「生活困窮者自立支援法」でした。

一口に法律といっても、つくられ方はそれぞれ異なります。業界団体がしっかりとあるような場合は、役所と業界団体が中心になって法律の中身を検討していくこともあるでしょう。そういう場合は、自ら陳情できるパワーがある当事者が主体になることができます。しかし、先述したように困窮者はそういう人たちとは違い、なかなか声が出せない人たちです。そこでこのときは、困窮している人たちを目の当たりにしている支援者や理解ある自治体の方々が大きな力となって法律ができました。

法律も育っていく

ところで、生活困窮者の自立支援に関して話を複雑にしていた要因のひとつに、「支援対象者の多くには複数の困難が重なっている」ということがありました。たとえば、小さい子どものいるシングルマザーで、なかなか安定した仕事につくことができず、掛け持ちでパートをしているうちに過労で体調も崩してしまったとか、失業し、次の仕事が見つからない期間が長く、そのうちにアルコール依存になってしまったとか。支援制度をひとつ示せばそれでなんとかなるというような、単純な状況にはない人が多かったのです。

困窮者の置かれた、いくつかの課題が複雑に積み重なっている状況は、いったいどうしたら解きほぐすことができ、困窮者はどうしたらその状況を抜け出すことができるのか。それぞれが異なる困難を抱える中で、問題の根っこにある要因を見つけ、なんとかしていけそうな方法を考えるには、当事者の話を丁寧に聞く必要があります。支援の現場の人たちは実際、生活困窮者に接する中で、共通した課題を見出していました。

それは、その個人が社会的に孤立していなければ、障害者支援なり高齢者支援なり、あるいはほかの支援制度にもっと早く結びついていただろうと考えられるケースが多い、ということです。経済的な問題だけではなく、社会的に孤立している状態こそが、当事者をそこまでの困窮に追い詰めることになっていた。そのような例が少なくないというのです。

そのため審議会のメンバーたちは、法律の条文に「社会的な孤立」という言葉を入れたいと考えていました。しかし、「社会的な孤立」という言葉は、法律に入れる概念としてはあいまいで、当時はまだ課題として広く認知されているわけでもなく、扱いの難しいものでした。内閣法制局からも、「社会的孤立と困窮が直接的に結びつくわけではないし、富裕層でも社会的に孤立している人はいるかもしれない。そこまで法律に入れるわけにはいかない」と言われ、結局、その言葉を条文に入れることはできませんでした。

それを残念に思っていたのですが、施行後三年が経《た》ち法律を見直し、法改正を行った際には、あっさりと「社会的な孤立」という言葉が条文に入ることになりました。三年前はあんなに言ってもダメだったのに、おもしろいものだと思います。潜在的な問題が表に出てきて、多くの人の目に見えるものになってくると、社会の意識は変わっていきます。この場合、三年の間に「社会的な孤立」という言葉が人々に認知され、それが生活の困窮と結びつくと認識されるようになったと考えられます。確かにその点に問題があると実感した人が多かったということなのでしょう。英国では二〇一八年に「孤独問題担当大臣」が任命されましたが、日本だけでなく世界にこうした認識は広がっていくのではないでしょうか。

また、法律に基づいて子どもの学習支援をやってみると、子どもの居場所づくりや生活習慣の改善、親への支援の必要性も見えてきました。そこで、こうした支援メニューもこの改正で追加されました。

この法律に関しては、法律の制定以降、毎年、一〇〇〇人ほど集まる大きなセミナーを二日かけて開催しています。学者や行政の担当者やＮＰＯの人たちが実践について情報交換をしたり、残された課題について議論し、それをもとにまた政策提言をする場です。このように関係者が見守り、よりよい制度や法律に育てていくという流れができています。この法律をつくることにかかわった国の職員、自治体の関係者、ＮＰＯの人たち、学者の人たちはいわば「同志」です。公務員の場合はこの仕事の担当をすでに離れている人も多いのですが、それでも、毎年このセミナーに参加し、法律の進化を確かめ、同志との再会を喜び、更なる政策の進展のための議論に加わります。こういう関係が一つの仕事が終わった後も続いていくことも、公務員としての喜びのひとつです。

制度や法律は、なかったらつくり、できた後はそれを検証することによって発展させていくことができるものです。困っていることがあれば、だれかが声を上げることで、制度の発展はより促進されます。民主主義の国なので、そのようにみんなが制度づくりにかかわることができるわけです。そして、みんなの代わりに、実際の制度づくりの実務の作業を進めていくのが公務員だということです。

2　予算の手当てをする

保育所に空きがない！

もうひとつ、先にも取り上げた「保育園落ちた　日本死ね！！！」のツイートで一気に一般の人にも関心が広がった保育所の待機児童問題について、法律や制度を整えていくプロセスを具体的に紹介したいと思います。特にここでは、制度のための財源をどう確保したのかが大きなポイントです。

子どもを出産し、育児休業を取り、休業期間が終わるので、いざ子どもを保育所に預けて職場復帰しようと思ったら、保育所に空きがなくて預けられない。仕事を辞めるのか、あるいは不安を抱えながら無認可保育所に預けるのか。保育所が不足しているために仕事を再開できないという「待機児童問題」は、すでに以前から深刻な課題になっていましたが、なかなか改善ができませんでした。そんな中で、私は二〇一〇年から一二年に、待機児童問題を含む子ども政策を担当することになりました。消費税が五%から八%に上がったのが二〇一四年ですが、ちょうどその引き上げのための議論をしていた時期のことです。

今、ここでどうして消費税の話が出てくるのだろうと、唐突に感じた人もいるかもしれません。実は、このとき、消費税の増税分から財源を確保できたので、待機児童問題を含む子ども政策は大きく前進したのです。

問題の解消に取り組みたくても、財源がなくては大きな手を打つことはできません。増税はみんなにとって負担になるものであることはわかっています。しかし、子ども政策は国の将来を左右することですから、財源を確保できたことは本当に大きな意味のあることでした。

日本は今、労働力不足、社会保障費の急増、国家財政の悪化など、さまざまな課題を抱えて苦しんでいますが、その最大の原因は少子高齢化です。高齢者人口が増える一方で、少子化が進み、次第に働き手が減っています。高齢化によって年金や医療・介護といった社会保障費は増大します。そのコストは、次第に数が減っている現役の支え手の肩に重くのしかかってきています。国はそれでも足りないコストを借金で賄っていて、財政赤字は増大しています。そのつけは次世代の人が払うことになります。この先、もっと少子化が進むことで、さらに支え手は減り、困難が大きくなることは目に見えています。

しかし、支え手は本当にいないのかというと、実は、まだ隠れた支え手がいるのです。それが出産や育児のために働くことをあきらめている女性です。女性が安心して働ける状況をつくれていないために、支え手として活躍してもらえていない。そこにひとつの問題があると私たちは考えました。

一方で、女性が社会進出をするともっと子どもを産まなくなるのでは、という心配の声もありました。そこで海外の事情もいろいろと調べてみました。すると、むしろ働いている女性が多い国の方が出生率は高いということがわかったのです。

それならなぜ、日本ではそれができていないのでしょうか。日本ではなぜ、「仕事も子育ても」ではなく、「仕事か子どもか」になっているのでしょうか。

その原因をいろいろ探る中で、労働時間が諸外国に比べて長く、男性も女性も仕事と子育てを両立しにくい、そして、保育所をはじめ仕事と子育てを両立するための社会環境が整っていないなどの状況が見えてきました。また、一九五〇年から七〇年代の高度経済成長期に「父親が稼ぎ手で、母親は専業主婦」というのが日本の家庭の一般的なモデルとして定着し、それが根強く残っているという意識の問題もありました。意識を政策で変えることは簡単ではありませんが「働き方」の改革と保育所の整備は政策で進めることができます。そこで、この二つの政策は、この国にとって、極めて重要な政策だと認識されるようになりました。

消費税を子どものために

保育所を増やすためには、財源が必要です。高齢化が進んで社会保障の経費が年々膨らんでいる中では、保育所を増やすための予算はなかなか獲得できませんでした。

そんな中で、先述したように、高齢化に対応した年金・医療・介護といった社会保障のあり方の見直しと国の財政赤字を減らすための消費税の引き上げを一体的に議論しようということになりました。これは「社会保障と税の一体改革」と呼ばれます。しかし、いくら消費税を上げても、増えた収入を高齢者にばかりつぎ込んでいてはその場しのぎのことになってしまいます。状況を改善させたいのであれば、やはり根本にある原因を解消しなければなりません。すなわち、支え手を増やす対策にお金を投入しなくてはならないのです。だから私たちは、消費税を子どものために使えるようにしたいと考えました。

子ども政策を充実させることは、社会の支え手を増やし、最終的には高齢者のための社会保障を充実させていくことにもつながっていきます。単に若い世代だけにメリットがある話ではないわけです。そこで、「社会保障と税の一体改革」を議論する検討本部が設置され、多様な専門家と政治家が集まっての議論が本格化する中で、子どもの政策担当だった私たちは、データを揃《そろ》え、子どものためにお金を投入することが必要だと訴えかけていきました。

それまで、日本の消費税は五％でしたが、それは高齢者のための施策、具体的には、年金・医療・介護にしか使わないというのが、日本の財政ルールだったのですが、ここで初めて、子どもたちのために使おうという発想が出てきたのです。この点については、厚生労働省と財務省で珍しく意見が一致しました。

消費税を上げて子ども関係の事業に使おう。その提案をするにあたって、私たちがやったのは、なぜそれが日本の抱えている大きな課題の解決に役立つかという理論武装と、どういう施策を実施すれば解決につながるかを整理すること、そして、いくらあればどれだけの事業ができて、どれだけ効果が上がるのかを明らかにすることです。お金が二兆円あったらこれだけのことができる、一・五兆円であればこのぐらいのことができる。それぞれの金額に応じて、保育所を何カ所つくれるかなど、できる施策とコストを詳細に示していきます。そのような施策を積み上げ、「社会保障と税の一体改革」を取りまとめている本部に提出しました。

私たちは最低でも一兆円の予算がほしいと思っていました。しかし、検討本部では「一兆円なんて無理。せいぜい六〇〇〇億円」といっているという情報が流れてきました。それでは私たちのしたいことには全然足りません。しばらくすると、五〇〇〇億円に削られるかもしれない、という噂《うわさ》も流れてきました。五〇〇〇億円ではますます思うような施策が打てません。そこであちこちの政治家のところに陳情に行き、「子どものための施策こそが日本全体を救うのです、予算をください」とお願いしました。増税のような大きな政策を決めるのは、やはり政治家だからです。

繰り返しになりますが、私たち公務員の仕事は、全体を見渡したときにどういう政策が合理的なのか、何をすればどれだけお金がかかるかといった制度の設計図を描き、地道にコストの積み上げをして、それぞれの選択肢を示すことです。最終的には子ども政策への配分は七〇〇〇億円と決まったのですが、「残りの三〇〇〇億円もなんとかならなかったのか」と思う一方、細かい積み上げの作業をしてきたからこそ、実感を持って金額の交渉ができ、七〇〇〇億円を獲得できたとも思いました。

このときは思っていた政策が全て実現できる予算は取れませんでしたが、当時の小宮山洋子大臣が「思っていたことの八割は取れましたね。私はこれでいいと思います」といってくださり、救われた思いがしました。いつでも一〇〇取れるわけではない状況の中で、どうやって一〇〇に近づけていくか、どうやって七〇を八〇、八〇を九〇に上げていくかを考えながら、公務員は制度をつくっています。

地方自治体との役割分担

政策が決まるまでには、いろいろな力関係の綱引きがあります。

当初、財務省は待機児童がいる地域に保育所をつくることだけに予算を配分したかったようですが、子ども政策に取り組んでいる立場からすると、そんなに単純にはいきません。地方に行ったとき「待機児童がいるのは都会だけ」といわれたことがありますが、実際、地方では子どもが減っているから保育所がなくなっていく、という事態が起きていました。

子どもがいないので保育所はいらない。そのような地域でも消費税は取られるので、保育所をつくることだけにターゲットを絞っていては地方の同意が得られません。また、広い土地の取得が難しい都会では、大きな保育所はつくりたくてもつくれないという実情もありました。

では、どのような政策にすれば、どの地域からもよいと思ってもらえるのでしょうか。それこそまさに公務員の企画力が問われるところです。

どんな地域であっても、子どもを産みやすく、育てやすくなったほうがよいことに変わりはありません。そこで私たちが考えたことは、普通の大きさの保育所（二〇人以上）のほかに小さな地域密着型の保育施設（六〜一九人）をつくれるようにしよう、ということです。それさえつくれない（必要のない）ほど子どもの少ないところでも、保育ママが一人で三人ぐらいまで子どもを見られるようにして、助手をつけたら五人までOKということにしよう、ということにしました。つまり、その町に住んでいる子どもが一人でも五人でも一〇人でも、あるいは一〇〇人でも一〇〇〇人でも、必ず、子どもに保育を提供できるなんらかの仕組みがあるようにしよう、広い土地がなくても、工夫できるやり方を選択肢に加えようと考えたのです。

そのように、待機児童対策だけではなく、「日本中の自治体で子育てしやすくなるように」という方向性を打ち出すことにより、立場の異なる方々に応援していただける体勢ができました。「うちは若い人が減って保育園も幼稚園も廃園になりそうだったけれど、そういうところで頑張って子育てをしてくれる若い人を応援できる政策が取れるならいいんじゃないか」と地方自治体の首長たちが考え、私たちの提案した政策を認めてくれるようになったのです。地方のニーズも汲《く》みとったことで、この政策は前に進みはじめました。このときは、一人の同僚が、全国を回ってこの考え方を説明し、市長や町村長たちを説得しました。彼の説得力とエネルギーを本当に尊敬します。

この方針に基づき、法律も変えることになります。それまでの「児童福祉法」には、自治体は保育所をつくらなくてはいけない、ということが書かれていました。「保育所をつくること」が自治体の義務だったわけです。

しかし、新しい法律では「保育を提供すること」を自治体の義務にしました。ポイントは、保育の提供方法を保育所に限定していないところです。後で出てきますが、幼稚園と保育所の両方の機能を持ったこども園を作ってもいいし、地域密着型の小型の保育施設でもいいし、保育ママでもいい。地域にあったやり方で、とにかく「保育」を提供してくださいという規定になりました。いろいろやり方を工夫していいので、最終的には子どもたち全員が保育を受けられるようにしてほしい、それで増えるコストは消費税から国が応援します、というようにしたのです。

さまざまな選択肢の中から何を選ぶかについては、自治体は国より住民に近いので、地域の子どもの状況や住民のニーズを把握しており、自分の地域にあった政策を打ち出すことができます。ですから、「保育を提供する」という大きな責務を決めて、その手段については自治体に権限を移譲し、柔軟に取り組んでもらうほうがよいと考えたわけです。

自治体は自分で考えなくてはいけません。その点では、少し自治体の負担が重くなっていますが、地方分権は社会の流れのひとつであり、これからもいろいろな分野でこうした動きが進んでいくと思います。

「子ども・子育て関連三法」が成立

二〇一二年、「子ども・子育て支援法」、「総合こども園法」、「子ども・子育て支援法及び総合こども園法の施行に伴う関係法律の整備等に関する法律」という、「子ども・子育て関連三法」が成立。消費税の財源を子どものために使うことが定められました。

そして、ここで初めて、幼稚園と保育所の両方の機能を持つ施設（こども園）ができました。正確にいえば、それ以前からこども園はありましたが、それは、この部分は幼稚園、この部分は保育所と一つの園の中に二つの機能があって、スペースや予算も二つに分かれているものでした。完璧なこども園が法律に定められたのは、このときが初めてです。保育所と幼稚園の両方を兼ね備えた「こども園」は、保育所が不足しがちな都市部でも、子どもが減って保育所や幼稚園の存続が難しい地方でもその良さが理解されてきて、数が増えてきています。

子どものための政策こそが重要とわかっていても、また、そのための良い政策のアイデアがあってもやはり、先立つものがなければ、実現できません。財源が確保できたことが政策を進める力になりました。

また、その頃、横浜市が待機児童ゼロを実現したことも追い風になりました。都会でも本気で取り組めば実現できるということを、横浜市の林文子《はやしふみこ》市長は示してくれました。

財源があり、自治体が本気でやればできるというモデルが生まれ、さらに杉並区のお母さんたちの「反乱」のように当事者が声を上げはじめた。それらがほぼ同時に起こったことで、保育の体制を整備する方向にもっていくことができたと思っています。

間近で見た政治家の姿

政治家と自分たちは違う、と学んだのも、この仕事をしているときのことでした。子ども政策や消費税増税を担当していたのは二〇一一年から一二年にかけてでその時期は民主党政権時代、自公政権への交代の少し前でした。当時、私は年金担当の同僚とともに民主党の国会議員の集まる会議によく出ていました。

そこで議論されていたのは、消費税増税を自分たちの政権下のこのタイミングで決行するのかどうか、ということです。自分の選挙区の人たちは必ずわかってくれるだろうというグループと、絶対に有権者には理解されないと考えるグループ、それに、増税するとしても、もう一回選挙で勝って、政権の基盤が安定してから考えるほうがよいというグループに分かれ、何回も、何時間も、堂々巡りのような議論が続けられました。

このとき、政治家は自分の首をかけて何かを決めるのだ、ということを実感しました。最後の大きな決断をするときに、政治家はこれだけ苦悩する。判断を間違えれば、政権の座から降りる、あるいは選挙で落選をする、それを覚悟しながら意思決定をする、その姿を目の当たりにし、次の選挙でどの党が勝っても負けても、変わらずに公務員として働く自分たちとは違う種類の仕事であること、政治家が何かを決めるときには、自分自身の政治生命もかけているのだということを思い知ったのです。

その後、選挙が近づいた時期に次の政権は自分たちに戻ってくると考えている自民党や公明党の方々と、自分たちはもう下野するであろうと感じている民主党の方々が、消費税や子ども政策についてのバトンを渡すときに、意見や立場の違いを超えて、こっそりと協力し合っている姿も目にしました。方向性は違っても、国を良くしていきたいという思いは同じなのだと思った瞬間でした。

子ども園をつくろうとしていたときには、こんなこともありました。民主党が子ども園をつくろうと熱心に進めていたので、この話を他党にもっていっても、あまりいい顔はされません。政治家だけでなく、幼稚園団体や保育所団体の中にも、両方を一本化することは嫌だと思っている人がたくさんいました。

そういう状況の中で、親切にしてくださる自民党のH議員がいました。「この政策はもともと自民党政権のときにも議論していたものです。どう進めればよいでしょうか」と聞くと、「村木は自民党と民主党の二夫《にふ》にまみえているんだから村木が説明するとうまくいかない。党内の会議では、自民党政権時代にこの問題を担当していたO議員に説明してもらうから、村木は黙って聞いていろ」というのです。そして、自民党のO議員が、自分がやってきた政策だと説明してくれました。

また、国会でも、「社会保障と税の一体改革」を検討する特別委員会が開かれ、子ども関係の法案が議論されたとき、H議員から「村木を国会に呼ぶので、答弁に立て」と呼び出しがありました。国会に出ていくとH議員が「こういう案を麗々しく出してきているが、どこかで見たことがある。だれが考えた案なのか」と質問してきました。私が「すみません、おっしゃる通り、自民党政権当時検討していたものと同じものです」と答えると、「おい、お前それをパクったのか！」と国会で責めてきます。

「パクったならパクったと正直に言って謝れ」

「パクりました。申し訳ありません」

そのように答弁すると「そうか、俺たちがつくった案ならしかたない、いいだろう」と国会質問をしめくくられました。

案を通すために、そのようなお芝居をしてくださったわけですね。そのようなおもしろいことも、公務員時代にはいくつも経験しました。政治家の先生方には「タヌキ」だなあと思う先生も多いのですが、ときにはとてもよいタヌキぶりを発揮してくれます。

この仕事のときには政治家と公務員の違いもよくわかりましたし、日本の政治家はダメだなどといわれることもありますが、尊敬できる政治家にもたくさん出会うことができました。

第三章

公務員の仕事②

――大きな課題にリレー方式でチャレンジする

1985年制定の「男女雇用機会均等法」広報ポスター

労働省
いま 個性が性を超える
女性の能力や
役割についての
固定的な考え方を
見直そう
第40回婦人週間
昭和63年4月10日～16日

公務員が取り組む社会課題には多様なものがあります。第二章では新しい法律や制度をつくるプロセスを見ていただきました。しかし大きな社会課題であればあるほど、一つの法律や制度をつくったぐらいで問題は解決しません。長年の課題に粘り強くチャレンジし続けることが大事になってきます。たとえば、私が担当した「男女平等の実現」や「障害のある人の社会参加」は長年の課題で解決にとても時間がかかる、もっといえば、これで完成ということのないテーマです。そういうテーマに公務員がどう取り組んでいるのかを見ていただきたいと思います。

1　男女平等を進める歩み

女性が働く環境を整備する法律

私が仕事で関わることのできたいくつかの社会課題の中でも、「男女平等の実現」という分野は、わが国にとっての、そして世界中のどの国にとっても古く、そして大きな社会課題です。たとえば、女性の参政権が認められたのは最も先進的な国でも一九世紀の後半、日本においては、第二次世界大戦が終わり、わが国が新しい民主主義国家の体制を築いていく中、一九四六年の衆議院選でやっと実現しました。このとき、女性議員も誕生しました。

政治のみならず、教育や職業などさまざまな面での男女平等の実現のため、日本も世界もずっと努力を続けています。国連のＳＤＧｓ（持続可能な開発目標）に掲げられた一七の目標のうちのひとつは「ジェンダー平等を実現しよう」ですし、毎年世界経済フォーラムが発表するジェンダーギャップ指数のランキングには世界の関心が集まります。ちなみに二〇二〇年の日本の順位は一五三カ国中一二一位と今までで最も低い、残念な結果でした。日本はジェンダー平等の実現が遅れているということで、政府も努力していますが、日本よりずっとジェンダー平等が進んでいる国々もいまだにさまざまな努力を続けています。

「男女雇用機会均等法」の制定

日本における職場の男女平等の実現について、最も大きな意味を持ち、社会を変えたのはやはり一九八五年制定の「男女雇用機会均等法」（以下「均等法」といいます）でしよう。

「均等法」ができる前の世の中では、「大卒○名（男子に限る）、高卒○名（女子に限る）募集」とか、「男子営業職○名、女子事務職○名募集」といった採用広告は当たり前でした。女性は望む仕事にエントリーすらさせてもらえなかったのです。また、仮に入社できても、会社内で男女が違う待遇を受けるのが一般的でした（今でもこの問題が完全に解消されたとはいいがたいところがありますが）。女性は、たとえ男性と同じ学歴であったとしても、お茶汲《ちゃく》みやコピー取りを含む男性のフォローをするような庶務的な仕事があてがわれるとか、とても有能でも昇進させてもらえないなどということもよくありました。定年も異なっていましたし、結婚や妊娠をすれば会社を辞めるのが当然だとも思われていました。結婚を機に退職をすることを「寿退社」とすら呼んでいました。

新しい法律が検討されるきっかけは社会のニーズだ、と述べてきました。まさに均等法が生まれる何年も前から、男性と同じように働かせてもらえないことに対して、女性たちから「それはおかしいのではないか」という声はたくさん上がっていました。そんな中で、裁判でこれを争うというケースも出てきました。

一九八一（昭和五六）年、画期的な判決が下されます。当時の日本の企業は男女別の定年制を設けている企業が多く、このケースでは男性五五歳、女性五〇歳でした。最高裁判所でそれが違法であると判断されました。女性であることだけを理由にして男女で差をつける企業の雇用管理は差別であり、違法なのだと最高裁判所が判断を下したのですから、この判決は、それを当たり前と思っていた人々に大きな意識変革を迫ることになりました。そして、そうした差別的な企業の雇用管理を変えさせるための法制度が必要だという認識が生まれ、それが四年後の「男女雇用機会均等法」の制定の大きなきっかけとなります。

このとき、もう一つ均等法制定の実現を助けてくれたものがあります。それは国際社会の動きです。そのことについては後で触れることにします。

「男女雇用機会均等法」は、労働者が性別により差別されることなく、能力を発揮することができる環境を整備していこうという法律です。ただ、最初からあらゆる差別をなくすように定めた〝フル装備〟というわけにはいかず、当初は福利厚生と教育訓練、定年退職や解雇に関しては差別的な扱いを禁止したものの、募集・採用や入社後の配置・昇進については、あくまで努力義務にとどまっていました。つまり、企業に努力は求めますが、違反しても法的な制裁を受けることはなく、法律を守るかどうかはその会社のやる気に任せられる、というようなことです。

募集・採用や配置・昇進について、かなりゆるい内容の規定だったのは、裏を返せば、最初から全て禁止するのは、さすがにまだ難しい状況だったということです。そもそも企業の多くは、これまで男女別雇用管理が当たり前と思っていたところへ、それは「差別」だといわれたわけですから、大きな戸惑いがあり、できるところから変えていこうということで、国と企業や労働組合が折り合いをつけた結果といえましょう。

「均等法」の成立に合わせ、労働基準法なども改正されました。それまでは女性保護の観点から、残業は原則として一日二時間、週六時間、年間一五〇時間に制限されていましたが、一定のポストについている女性や専門職の女性についてはこの規制を外す、また、業種によって、残業規制を緩和することになりました。また、夜一〇時から朝五時までの深夜業も、それまでは一部の業務（看護師さんやバーで働く女性など）を除いて原則として禁止されていました。が、これも一定のポストについている女性や専門職の女性などについては深夜業が可能となりました。

先にも紹介したように、当時は女性の深夜業は原則禁止。ですから、コンビニの同じ学生アルバイトでも、「はい、女子学生はここまで、深夜業禁止だから帰ってください」というのが法律が決めたルールだったのです。だから、女性と男性、どちらも差別なく採用しなさいということを企業に強制することも難しかったといえます。

ところで、残業や深夜業は、働く人にとっては負担が重く、しっかりとした規制は必要です。でも、これは女性に限ったことではありません。男性にとっても健康に働き、家庭生活も大事にできる環境はとても重要です。そこで、「均等法」の制定を契機として、「か弱き女性を保護する」という発想から、男女は平等、したがって、「保護も男女双方に対して必要」という方向に考え方は変わります。とはいうものの、現実問題として、女性に対する保護をいっぺんに無くしてしまえば、労働条件の悪化につながり、家事や育児を多く負っている女性などは仕事が続けられなくなるかもしれません。かといって、当時女性に適用されていた保護規定を男性にも適用したら、会社の業務が止まってしまったり、深夜にだれも働いてくれなくなったりして社会に混乱が起こるかもしれません。ですから、最初から強い「均等法」をつくることはなかなか難しかったのです。

当時、私は「均等法」の担当ではなかったのですが、それが成立に向けて動いているのを別の部署から興味深く見ていました。同僚が、「毎日、働く女性たちから『男女雇用機会均等法をつくってください』という要望のはがきが大量に役所に送られてくる。枚数を数えていると間に合わないので、重さを量っている」といっていて、みんなの大きな期待を背負った法律なのだと知ることができました。「均等法」ができたときの広報のためのポスターは、とにかく印象的でした。宇宙飛行士の向井千秋《むかいちあき》さんが無重力状態で逆さまになっている写真に、「いま 個性が性を超える」というキャッチコピー（第三章の章扉）。省内の公募で選ばれたものですが、世の中のマインドが「女性が差別されない社会をめざす」程度だった時代に、よく「個性が性を超える」を打ち出したポスターがつくれたな、と思います。「男女がどうということではなく、本当はこれなんだ、すごくいい！」と、当時も思いましたし、今でも全く色あせていないテーマだと思います。これを発案したのは、「均等法」の一期生（「均等法」が施行された年に就職活動をして翌年就職をした人をこう呼びます）、入省一年目の女性でした。

このポスターが省内を通るのはとても大変でした。政府のポスターにSEXという意味を持つ「性」という文字が入ってよいのか、という意見が出てきたのです。こんな文字をみるとぎょっとするではないか、と。今から考えると笑ってしまうような意見ですが、まだ、そのような感覚が残っていた時代だったのです。そんなおかしな反対意見をみんなで論破し、これに決めました。今みても普遍性のある伝説のポスターです。

社会が変わると法律も変わる

最初はゆるくて弱い法律だった「均等法」も、その後、表Bのように少しずつ内容を充実させていきます。それと並行して労働者保護のための規定は男女で共通のものへと順次変えていきました。具体的には、母性保護のための規定は強化する方向で、残業や深夜業といった女性に対する労働者保護の規定は緩和され男女共通のものに、そして、育児や介護をする労働者のための男女共通の保護法制を新たに設けるという方向で規定は進化していきました。先にも書いたように現実に鑑《かんがみ》ると最初から強制力の強い「均等法」をつくることは難しいことでした。だから当初、「均等法」の制定を担当した公務員たちは、この法律を将来はもっと強い法律にするという願いを込めて、「みにくいアヒルの子」と呼んでいました。

次に示すように、女性差別をなくすための法律は、何十年もかけて進化し続けてきています。すでにある法律を改正することはもちろんですが、法律をつくる場合に、一つひとつは新しい法律であっても、大きな志を実現するために前にできた法律の流れを受け継いでつくるという意味では、やはり、法律を進化させるといってよいと思います。

今現在も、男女問わず、どんな人でも差別されずに生きていける社会をつくるための法整備は続けられています。

【表B：「男女雇用機会均等法」その後の主な改正点】

一九九七（平成九）年　募集・採用や入社後の配置・昇進の差別が禁止規定となる。セクシュアル・ハラスメント（セクハラ）の対策規定が盛り込まれる。企業名公表などの制裁規定も加わる。

二〇〇六（平成一八）年　差別を禁止する対象として男性も加わり、男女問わず、性別を理由にした差別が禁止されることに。セクハラに関する規定も同様で、男性もセクハラ対策の対象として加えられた。降格や雇用形態の変更（たとえば正社員からパートに変更）などにおける差別も禁止された。妊娠・出産・産前産後休業の取得を理由とした不利益取り扱いが禁止された。

二〇一七（平成二九）年　妊娠・出産等に関する上司や同僚による就業環境を害する行為に対する防止措置が義務づけられた。

セクハラ対策が「均等法」に入るまで

一九九七年の「均等法」の改正で、女性労働者に対するセクシュアル・ハラスメント防止のための配慮が事業主に義務づけられました。私は、「均等法」の制定に携わることはできませんでしたが、この改正には少しだけ貢献することができました。

「均等法」が制定された頃の日本には、「セクハラ（セクシュアル・ハラスメント、性的嫌がらせ）」という概念はまだほとんどありませんでした。しかし、海外ではセクハラは性差別、人権侵害と位置付けられ、企業を相手に裁判が起こされるようにもなっていました。実際、アメリカで起こされたセクハラに関する裁判で、日本企業が莫大《ばくだい》な賠償金を支払わされたケースも出てきていたのです。

訴訟のリスクがあるとなっては、企業も無視してはいられないでしょう。いずれ日本でもセクハラ対策は必要となってくる、と考えられました。そもそも働く女性たちはずっと、職場環境としてセクハラを何とかしてほしいと感じていたわけです。

そこで私たちは、セクハラ対策に関する研究会を立ち上げることにしました。新しい課題が生じて法律をつくるときは、多くの場合、まず研究会を立ち上げて、問題が起こっている背景、原因、そして対応策などを検討するところからスタートします。セクハラもそういう新しい課題だったので、研究費として五〇〇万円の予算請求を行いました。

予算獲得については一悶着《ひともんちゃく》ありました。予算は夏に各省庁から財務省に要求をし、一二月に財務省が予算をつけるかどうかを決めて、その案を各省に示します。これを内示といいます。その案に納得ができないときは、次官レベルの折衝、大臣レベルの折衝といった数段階の折衝を経て、政府としての予算案を決定します。それを国会に提出して、国会で予算案が可決されて初めて政府の予算が決まります。

予算案の内示の直前、財務省から電話がかかってきました。こんなことはとても珍しいことです。「研究会の必要性はわかった気がする。だけど『セクハラ』はいかんだろう」というのです。セクハラというのは週刊誌ネタで、神聖なる予算要求の企画書にセクハラという言葉を載せることはできない。ただし、明日の朝までに、企画書内にある「セクハラ」という文字を全部消して書き直してきたら予算をつけてやろう。そんなことをいわれました。

ちょうどその頃、「セクハラ」という言葉が週刊誌で面白おかしく書かれるようになっていた時期で、それで「週刊誌ネタ」と言われたわけです。職場では性的な冗談やボディタッチなどが「コミュニケーションの一種」「職場の潤滑油」などといわれていた時代で、オフィスに水着の女性などのセクシー系のカレンダーが貼《は》ってあるようなところもあったと記憶しています。

財務省からの電話を受けた私たちは「セクハラの研究会なのにセクハラという言葉を使っちゃいけないなんて、そんな無茶な！」と思いましたが、どうしても研究会を立ち上げたかったので、セクハラという言葉を使わずにその内容をどう表現するかを、みんなで必死に考えることにしました。

思いついた名称が、「非伝統的分野への女性労働者の進出に伴うコミュニケーションギャップ」。これまであまり女性労働者がいなかった分野でも女性が働くようになったことで、職場のコミュニケーションについて、男女の意識の違いが大きな問題になってきたので、その問題について政策としてはどう扱っていくべきかを考えたい、という意味合いを込めました。

企画書内の全ての「セクハラ」という言葉を、大急ぎで「非伝統的分野への女性労働者の進出に伴うコミュニケーションギャップ」に書き換えて提出しました。すると財務省も約束を守って予算をつけてくれ、研究会が立ち上がり、そこから一〇年もせずに法律にすることができました。

研究会にはアメリカですでに事例があるので、アメリカの訴訟について詳しい法律家や、日本の労働関係の専門家や、職場における男女差別の問題の専門家などに来てもらいました。セクハラという言葉もまだ日本に入ってきたばかりの頃ですから、セクハラというのは具体的には一体どういうものなのか、法律の対象とすべきセクハラの範囲はどう定めたらよいか、どういう対策を企業にとってもらうとセクハラを防ぐことができるのかといったことを専門家の目で明らかにするわけです。

研究会を開いて、理論武装をし、材料を揃《そろ》えると、今度は審議会で議論してもらうことになります。審議会は、労働組合代表と経営者代表、そして公益代表の三者で構成されていて、いわば関係当事者の代表が議論を闘わせる場所です。労働関係の重要な政策はこの審議会の意見をもらわなければなりません。

それぞれの立場により、当然、異なる意見が出てきます。労働組合の代表者、特に女性たちは当然に厳しい規制を設けてほしいと思っています。セクハラを全面的に禁止する法律にすべきだという意見もありました。ところが、企業の立場に立ってみればどんなに注意していても従業員の中でセクハラする人が出るかもしれないわけで、それで企業がペナルティを受けることになってはたまらないと考えます。それぞれの立場で納得し、合意できる落としどころはどこかを探っていくことになります。

そして、セクハラが職場で起こらないよう、セクハラはあってはならないという会社の方針を明確にして社員に知らせること、セクハラが起きた場合の相談窓口をつくり、相談があったときは迅速に対応することなどの環境整備を行うのが事業主の役割である、というところで決着がつきました。

さあ、これで行こうとなると、審議されて決まった内容を法律の条文の形にして法案をつくります。それが国会に提出され、審議されて、賛成多数で可決されれば法律として成立する、という流れになります。

先述したように研究会の立ち上げから法改正まで一〇年近くかかりましたが、最初は「週刊誌ネタ」といわれるような内容を本当に法律に入れることができるのかな、という思いもありましたので、一〇年程度で法律化されたのは、このテーマとしてはまずまずのスピードだったと思います。

「育児・介護休業法」で車の両輪に

話を戻しましょう。一九八五年に「均等法」が成立し、女性も働きたい人は男性と同じように働けるようにし、頑張れば昇進できるようにもしました。いわゆる総合職として女性も採用されるようになり、女性の職域も広がっているように見えるのに、女性の活躍はゆっくりとしか進んでいない、それが当時の印象でした。よく、私たちは、「遅々として進むのだねえ」と嘆いていました。特に、結婚退職は減り始めたものの、出産退職は減っていきません。妊娠・出産は女性だけにあることですし、育児も当時は主に（今もまだそういうところがありますが）女性が担っていました。均等法で、男女が共に活躍できるように条件を整えたつもりだったのに、女性だけが「妊娠・出産・子育て」という重い荷物を背負っているという現実が見えてきました。均等法で、結婚や出産を機に女性を辞めさせる企業が減っても、女性が、「働き続けられない」とあきらめて退職する状況は変わらなかったのです。

そこが女性が働くためのネックになっているなら、出産後に仕事を辞めなくてもすむ制度が必要だろう。そう考えてつくられたのが一九九一年に制定された「育児休業法」です。希望する人は男女ともに、子どもが満一歳になるまでの間、育児のために休業でき、その後、職場に戻ることができるという制度です。妊娠・出産は女性だけの人生のイベントですが、育児は男女双方の仕事という考え方に従って、男女双方に適用される法律をつくりました。

最初は、制度はできても使えないのではないか、という心配もありました。というのは、この制度ができたとき、民間企業のうち育児休業制度があったのは、女性の雇用に理解のある二割程度の大企業にすぎなかったからです。まだ二割しか取り組んでいない中で、それを義務づけ、中小企業にもそれを課す法律をつくるというのは、当時の常識でいうと少し早かったといえます。本来であれば、まだ機は十分に熟してはおらず、まずはそれぞれの企業の労使でよく話し合って、制度をつくる努力をしてくれるようお願いしていくような段階でした。

しかし、女性の活躍に対する世論の後押しもあり、重要性が高いということで、二割の段階で法制化に踏み切りました。

もちろん育休をとるかどうかは本人が決めることです。ですから特に育休取得率のような数値目標は設定せず、あくまで育休制度がある会社が二割だったのを、全ての会社で希望すれば育休を取れるようにするところをめざしました（従業員三〇人以下の企業は三年間の猶予期間を設けました）。理解がなくて就業規則を変えない企業も出てきますが、法律で育児休業を定めた以上、会社に制度がなくても、休暇を取りたいという人がいれば取らせなくてはいけない。理屈の上では、法律が施行された後は、育児休業を取りたい人は全て、どの企業で働いていても取得できるようになっています。

それでも最初のうちは、使えない制度なのではないかと心配でした。つまり、制度があっても、現実的に女性たちは「育児休業を取りたい」と手を挙げられないのではないか、と思っていたからです。今だからいえますが、この制度ができた時代は、労働省（当時）の中でさえ、出産する女性に「まさかキャリアなのに育児休業を取るわけではないでしょうね」と冷たい視線を送る上司がいたぐらいです。そういう時代だったので、制度があっても、本当に取れるのか、取りたいといえるのかと危惧していました。

しかし、それは杞憂《きゆう》でした。女性の育児休業の取得者は順調に増え、施行後五年ほどで五割を超し、最近では毎年八割を超えていて、育休を取りたい人の多くが取れている状況になっています。この育児休業法ができたときに、私たちは「均等」と「両立」この二つがそろって、やっとこれで車の両輪になったと思いました。

しかし、この制度を運用していくうちに、女性が仕事を続けられなくなる理由は育児だけではないことが見えてきます。家族の介護です。これも働き続けることの足かせになっていました。

そこで一九九五年、「育児休業法」を改正し、介護も加えた「育児・介護休業法」としました。これから高齢化が進んでいく中では、育児よりも介護のほうで当事者となる人は増えてくるでしょう。しかも、介護は男性の関心も高く、この制度をつくることは、多くの人にメリットを感じてもらえると考えられました。

そもそも家族の介護が必要になるのは、一般に育児のときよりも年齢が上がってからのことです。ということは、会社の中での責任も大きくなっているでしょう。能力が十分開発された、その年齢の人材が仕事を辞めるというのは、会社にとっても、社会にとっても損失です。家庭責任が生じて休まなくてはならない状況が起きたら、男女問わず、会社を辞めなくてすむようにしたほうがよい。そんな考え方の下に「育児・介護休業法」はつくられました。

さて、出産し、育児休業を一年とってから復帰すると、いよいよ仕事と育児の両立が始まります。子どもはゆっくりとしか成長しませんが、当初の制度では、仕事のほうは一年の休業の後はいきなりフルタイム勤務となっていました。何とか、子どもの成長に合わせて働き方を変えていくことはできないか、そのために「短時間勤務制度」や、フルタイムで働くけれども残業はしないでいい仕組みをつくろうということになりました（二〇〇九年改正）。

また、妊娠や出産をしたら職場で嫌がらせをされ、仕事を辞めなくてはいけなくなる状態に追い込まれる女性も多かったため、職場での妊娠・出産・育児休業等を理由とした嫌がらせ（マタニティ・ハラスメント、略称マタハラ）をなくすための対策も打ちました。「育児・介護休業法」を改正し、企業にマタハラを防止するための措置を講じることを義務付けたのです（二〇一六年改正）。

このように、男女平等を実現する環境を整えるための制度は、ずっと進化し続けています。制度というものは、最初から完璧なものをつくることはできません。企業としても、いきなり全部変えるのは無理です。それで、制度をつくって運用し、その結果を見ながら改善し、何年もかけて変えていくのです。運用してみると、それだけではうまくいかないこともありますし、制度をつくっても人々の意識がゆっくりとしか変化せず、なかなか思う成果が出せないこともあります。とにかく、つくって、運用して、何度も見直しながら、よりよいものにしていくしかないのです。

なお、法律や制度を新しくつくるのはとても大変なことですが、一度できたものを改正するのは、それに比べるとかなり楽です。法律に基づいて施策が展開されていて、その枠組みでうまく機能しているのか、していないのかを見ることができるからです。特に最近の法律は、施行した成果を見て、三年後や五年後に見直しを行うという規定を予《あらかじ》め法律の中に入れておくということもよくあります。制度には完成形はなく、常に進化を続けるのだという考え方が主流になってきたということができるのかもしれません。

男性にも育児休業を

ところで、育児・介護休業は制度がスタートしたときから男女が共にとれる設計でした。でも実際は、育児休業を取る男性はなかなか増えません。父親と母親が共に育児休業を取る場合には子どもが生後一年二カ月になるまで取得可能なように期間を延長したり、最初の半年は給与の六七%を給付するようにしたりと、男性も育休を取りやすくするために一生懸命制度改革を進めてきました。これは「育児・介護は男女が協力し合ってすること」つまり「男性も女性も、仕事も家庭も」というように社会が変わらないと、支え手も増えないし、家族を大切にできる社会にもならないからです。

しかし、男性の育児休業の取得率はなかなか上がらず、今でもまだ六%にすぎません。男性が育児休業を取ることは、制度自体の問題よりも意識や職場の慣行が大きいのだろうと思います。

厚生労働省は男性にも育児休業を取ってもらうよう民間企業にお願いしていますが、塩崎恭久《しおざきやすひさ》厚生労働大臣の時（二〇一六年当時）に、「言い出しっぺの厚生労働省がちゃんとできなかったらダメだ」ということで、毎月一回、保育所や幼稚園のお誕生会のように、その一カ月の間に新たにお父さんになった男性職員を大臣室に呼ぶということを始めました。それも、上司とペアで呼ぶのです。若いお父さんには「育児休業をとるよな?」、上司には「部下にとらせるよな?」と確認します。それによって取得率が三割にまで跳ね上がりました。トップが本気であると、ここまで変わります。

こういった努力の結果、官庁全体でも取得率は少し上がりましたし、企業でも、男性の育休はこれからの重点目標と言ってくれるところが増え、少しずつ世の中は変わってきています。最近の民間の調査でも、若い男性の七、八割は育児休業を取りたい(あるいは、取りたかった)と思っている、という数字が出ていました。実際、公園などに行くと、小さいお子さんを連れて遊びに来ているお父さんの姿が、このところグッと増えているのに気づきます。これは一昔前にはあまり見られなかった光景です。

男性の育児・介護休業に関しては、もうひと押しで一気に進んでいくことと思います。

機会の均等から結果の平等へ

女性が働くことに関する法律や制度が段階的に進化してきた中で、次に私たちがターゲットにしたのは「アファーマティブ・アクション(ポジティブ・アクション)」でした。

アファーマティブ・アクションというのは、その社会の中で長く不利な状況に置かれてきた社会的なグループがいるときに、その状況を是正するために行う積極的な改善措置のことです。

社会には、長年培われてきた固定的な男女の役割分担意識や事実の積み重ねがあります。このため、たとえば、女性の管理職がほとんどいない状況では、女性でも管理職としてやっていけるのかしらと不安に思う人がたくさんいます。技術系の仕事についている女性は少ないので、そうした進路に進むことをためらう人もいるでしょう。働いている母親は子どもに十分なことをしてやれないのではといった懸念や偏見を持つ人もいます。結果としてたとえば、技術職に女性はほとんどついていないとか、管理職は基本的に男性しかいないとか、そのような状況がなかなか改善されないのです。このような状況は、いくら「均等法」で性差別を禁止したところで簡単に解消できるものではありません。企業が均等法を遵守していても、それで女性管理職が増えるかというと、なかなかそういうわけにはいかないのです。

「アファーマティブ・アクション」とは、そのような社会や組織内の固定化した意識や実態、ここで言えば、男女格差の解消をめざして進める積極的な取り組みのことです。たとえば、勤続年数が長い女性がたくさん働いているにもかかわらず、管理職になっている女性は男性に比べてずっと少ない、という状況があるとします。このようなときに「三年で女性管理職を二〇％増やす」といった目標を定め、それを実現するために、女性の管理職候補者に対して積極的に研修を行ったり、女性に昇進・昇格試験を受けるよう勧めたり、といった取り組みをしていくようなことが想定されます。

海外ではかなり前からこのような「アファーマティブ・アクション」を企業に義務づける法律を定めている例は多く、私たち関係者にとっては、日本でもこのような内容を法律に取り入れることが夢となっていました。この制度が取り入れられれば、男女格差は一層解消に向かっていくだろうと考えられたからです。

しかし、現実には「アファーマティブ・アクション」を企業に義務付けることはなかなか理解が得られず、「均等法」には、企業がこうしたことに取り組むなら国は応援しますよというゆるやかな規定が設けられただけでした。この「アファーマティブ・アクション」に関する施策が大きく前進したのは、二〇一五（平成二七）年に制定された

「女性活躍推進法」によってです。「女性活躍推進法」は、労働者が性別により差別されることなく、能力を発揮することができる環境を整備していこうという法律ですが、具体的には、企業（行政機関も対象になります）が、自社の女性の活躍について点検をし、その結果を基に、数値目標も入れて改善計画をつくり、その改善策を実際に実施してみて、どうなったかを検証して次の計画をつくることを義務づける法律です。民間企業の場合、従業員が三〇一人以上の企業は義務づけ、それ以下の企業は努力義務が課せられました。また、義務づけの対象となった企業は、それぞれの企業の現状と計画、目標を公表しなければいけないルールになっています。

この法律はつまり、それぞれの企業に女性活躍についての現状把握、改善計画の策定、実施、再検証、すなわち、ＰＤＣＡ（plan-do-check-act）サイクルをまわしてもらう、そしてそれを情報公開することで外からもそれぞれの企業の現状や努力をチェックしてもらおうというものです。一定の基準を満たし、女性活躍推進に関する状況が優良な企業にはレベルに応じて四段階の「えるぼし」という認定マークが発行されます。

それまでなかなかつくれなかったこの法律ができた背景には、少子高齢化に伴って労

女性活躍推進企業認定「えるぼし」、右が最高位の「プラチナえるぼし」で認定は4段階

働力不足が深刻になりつつあるという社会の問題がありました。そして、前述したように、この問題をどのように解決していくかを考えていったとき、「女性の活躍を推進する」という解決策が重要だということになったのです。統計データをみても、雇用者全体に占める女性の割合は男性に比べて低く（二〇一四年時点で四三%）、さらにその半数以上が非正規雇用であること、出産や育児期に仕事を離れる女性の割合が高いこと、管理職に占める女性の割合は七・五%と、国際的に見ても非常に低い数字であることなどがわかりました。そして女性の就業を阻む要素を取り除いていけば、それだけでも新たな労働力はある程度確保できると考えられたからです。女性のための政策というだけでなく、日本の社会全体にとって避けて通れない課題という認識が広まったことが大きかったように思います。

実は、この法律をつくるときには、女性団体等から「ゆるすぎる」と反対がありました。もっと厳しく、管理職を何年までに何パーセントにするのか具体的な目標を法律に書き込んで、企業にその達成を義務づけないと企業は動かないのではないかというわけです。そのような意見も理解できます。しかし、私はこの法律ができたことにより、女性が働くことに関して、また少し前に進むことができたと思っています。

というのは、「男女雇用機会均等法」は、あくまで機会の均等について定めたものなので、「うちの会社は女性も採用するし、昇進もさせる。ただ、彼女の場合は家族の理解がなかったし、地域の保育所にも空きがなく、社としても本当に残念だったのだが、彼女は辞めた」という状況があっても法律違反にはならないわけです。

「女性の活躍推進企業データベース」のホームページトップ画面

しかし、「女性活躍推進法」であれば、ある会社の女性の何割が辞めており、それが男性に比べてはるかに高率であるというとき、会社はその状況を是正するために、会社として何ができるのか対策を考えてなくてはなりません。つまり、機会の均等の先にある結果の平等に、それぞれの会社がある程度責任をもたなくてはいけなくなったわけです。「均等法」から三〇年かけて、ようやくここに辿《たど》り着きました。

いくら罰則のないゆるい法律であっても、やはり法律ができた意味は小さくありません。特に「女性活躍推進法」の法律の体系は、「何をするかは自分たちで考えてください」というかたちになっています。会社が当事者として考え、なんらかの行動をしなくてはいけなくなっているということは、人々の意識を変える上でとても有効にはたらくだろうと思います。

たとえば、実際に計画をつくるとなれば、従業員の住んでいる地域の保育所の待機児童が減らず、なかなか預けることができないという場合、企業内保育所を用意する企業が出てくるかもしれませんし、ベビーシッター代を補助することも考えられるかもしれません。あるいは、預けられなかった場合は育児休業を延長できる、という方法もあるかもしれません。そのように、子どもを育てていても働き続けられるよう、なんらかの工夫が確実になされていくでしょう。
「公表」にも大きな意味があります。というのは、日本の企業は横並び意識が強く、他社に比べてどうであるかを気にする傾向があるからです。世の中に自社の状況を見せたとき、他社に比べて劣っていると恥ずかしい。そんな気持ちから、努力する企業が増えてくるのではないかと期待しています。

中小企業へ意識を浸透させる

このように企業の意識、ひいては世の中の意識は変わっていくわけですが、法律ができたときには、「そうはいっても対象は従業員三〇一人以上の企業でしょう？　もっと小さい規模の企業で働く人は、その恩恵に与《あず》かれないのでは？」という声がたくさんありました。実際、中小企業で働く人のほうが、大企業の従業員より多いのは事実です。それは最初から私たちにもわかっていました。

しかし、厚生労働省には「次世代育成推進法」（二〇〇三年制定）という法律をつくったときの経験がありました。「次世代育成推進法」とは、次代の社会を担う子どもたちの健全な育成を支援するため、企業や自治体が自分たちの行動計画を策定することを義務づけた法律です。この法律も、最初は従業員三〇一人以上という、比較的大きな企業や自治体に行動計画をつくってもらうところから始まった法律で、枠組みとしてのゆるさも認証制度も共通していました。

「次世代育成推進法」のもとでは、子育て支援などについて一定の基準を満たした企業や法人を厚生労働省が認定し、認定された企業は「くるみんマーク」を使って子育てに理解のある企業だとアピールできるようにしたところ、「くるみんマーク」は短期間にとても普及し、今では「認定を受けていないと、企業の人事としては恥ずかしい」というところにまで来ています。

そして、この法律が従業員三〇一人以上の企業に普及し、浸透したとみられるタイミングで、「従業員が一〇一人以上の企業」というところまで対象を広げ、かつ、一〇一人未満の企業については努力義務としたのです（二〇一七年）。対象が一〇一人以上の規模の企業に広がることで、対象となる企業の数も従業員の数も一気に拡大するので、「次世代育成」という意識を浸透させていく力は、ぐっと大きくなっているはずです。

女性活躍推進法についても、これと同様に二〇一九年に改正が行われ、二〇二二年からは一〇一人以上の企業が義務づけの対象となります。特に現政権になってから女性の活躍については熱心に取り組んでおり、それが追い風となって、経営者団体もノーとはいいにくい状況なので、思っているよりも早く進んでいると思います。

とはいえ、世の中の意識はそう簡単に、一気に変わるものではありません。もっと早く変わったらいいのにと思うことはありますが、それはなかなか簡単なことではないので、公務員は我慢強く制度を変えていくことで、社会の実態や意識も変えていこうとしています。

このように、「男女平等」「女性の活躍」といった大きな社会課題の解決には長い時間と多くの人の努力が必要になります。ひとつの法律ができたからと言ってそれですべてが解決するとは限りません。「均等法」も、均等法だけでは成果が上がらなかったから、「育児・介護休業法」をつくり、それらの改正を重ね、とうとう今回の「女性活躍推進法」へと進んできました。法律は、つくり、運用し、なんとか結果が出るように改善して、それを繰り返しながら進化させていくものなのだと思います。このプロセスに公務員は関わっていきますが、一人の公務員がひとつのポストにいるのは、二年か三年、だから、多くの公務員が、リレーのバトンを渡すようにして、仕事を引き継いでいきます。たとえば、「均等法」ができたとき、私はまだ係長（二〇代）で、外からそれを興味深く見ていました。課長補佐になったとき（三〇歳ごろ）、次の改正につながるセクハラの研究会をつくることができました。「育児休業法」ができたときも担当ではありませんでしたが、これを「育児・介護休業法」に改正するとき（三〇代半ば）は、企画官としてその案を作る作業に加わりました。次の育児・介護休業法の改正で短時間勤務などをとりいれたとき（五〇代前半）には、担当の局長として、中心的な役割を一定期間果たすことができました。そして、「女性活躍推進法」をつくる頃（五〇代半ば）には次官になっていて関係者への根回しをしたり、担当である後輩の人たちの相談に乗っていました。こんなふうに所々でこの社会課題に直接関わりながら、また異なる仕事に携っているときも含めて、ずっと、大きな社会課題にみんなでチャレンジしているんだという気持ちを持ち、その進展を喜ぶことができました。こうしたところも公務員の仕事のひとつの醍醐味《だいごみ》だと思います。

女性の活躍と昇進

公務員の仕事の話から外れてしまうのですが、「アファーマティブ・アクション」によって女性管理職の比率など、具体的な数値目標が設定されることで、実態も少しずつ進化し、女性側の意識も変わっていくだろうと思っています。

これまで女性の管理職が少なかった理由の中には、働く女性側の意識の問題もあるのではないかということがよく指摘されていました。これまで女性には、「働きたい、仕事を続けたい」という思いはあっても、昇進したいかどうかとなると、また別の話になってしまうところがありました。昇進を打診されても断るケースがよくあるということは、企業の方からはよく聞かされます。

実はアメリカでも、女性のほうが昇進の打診を断るのだそうです。イリス・ボネットというアメリカの経済学者が書いた『WORK DESIGN（ワークデザイン）：行動経済学でジェンダー格差を克服する』（池村千秋訳、NTT出版、二〇一八年）という本には性別による格差を解消するためのさまざまな研究結果が紹介されていますが、それによるとアメリカでも昇進したいと考える人の割合は、男性に比べて女性のほうがずっと低いのだそうです。同じように実力はあっても昇進をしたがらない。では何が原因かというと、女性は男性に比べて自己評価が低く、男性と同じ実力があったとしても、自分なんてまだまだだ、管理職なんて無理だ、と思う傾向が強いのだそうです。それに対して男性は自分に対する評価は甘めなので、自分は昇進する準備は整っていると思っているわけです。ですから、やりたい人に手を挙げてもらう方式だと、自己評価の高い男性がそのポストにつき、結果として実力のある女性をとりこぼすことになるわけです。

こうした研究結果が明らかになったので、大手電気機器メーカーの日本ＩＢＭではこんなことをやってみました。客観的にみて実力はあるのに昇進をためらう女性に、丁寧に説得をして管理職に昇進してもらいました。そしてその結果を見てみると、本人は昇進してよかったと思っており、また、管理職としてのパフォーマンスもとても良いという結論に至ったそうです。男性も女性も挙手方式ではなく、実力に応じて公平に昇進する、そして、育児や介護など、何らかの特別な事情があるときは、例外的にその間は待ってもらえるという原則に変えたとしたら、女性もだいぶ昇進できるのではないかと思います。

私自身もどちらかというと、昇進するときに「まだ自分にはそこまでの力がないのでは」と思ってしまうタイプでした。しかし、係長になったときに「今ならいい係員になれるのに」と思い、課長補佐になったときには「今ならいい係長になれるのに」と思った自分に気づいて、初めて自分は成長しているのだと実感することができました。歩みはゆっくりで、人より遅いかもしれないけれど、私は進歩している。そう思えたことはとても自信になり、そのあとに続けてチャレンジしていくモチベーションにつながりました。

そもそも課長補佐にならなければ、「今ならいい係長になれる」などと思うことはなかったはずです。昇進は階段を上がるのと似ていて、下にいたときとは見える風景が自動的に変わります。以前よりも広い世界が見えるようになったと、自分でも実感できます。昇進したほうが実力は早くつくとはよくいわれることですが、自分の経験を振り返ってみても、それはその通りだったと思います。

昇進の声がかかるのは、上司や周りの人が実力を認めてくれているからこそ。女性のみなさんも（もちろん男性のみなさんも）昇進を打診されたときは、「まだ早い」「私なんて」などと思わず、ポストを引き受け、自分を成長させていってほしいと思っています。

社会が変わると実感できる

法律や制度ができると、時間はかかるけれども人々の意識が変わり、社会も変わっていくと書きました。それは私にはもう当たり前のことなのですが、若い公務員にとっては、法律をつくっている最中には、なかなかそれは実感できないのだと気づかされたことがあります。

「育児・介護休業法」に「短時間勤務制度」を組み入れたときのことです。法律ができ、いざ施行されると、企業はそれに基づいて会社の就業規則を変えます。この制度の成立に向けて非常に熱心に取り組んでいた係長がそれを見て、「日本中の企業が就業規定を直し、短時間就業についての文言を書き加えるのを見て、初めて、私がやった仕事ってこういうことだったのか！　と実感しました」といったのです。

日本は民主主義の国ですから、人の権利を制約したり、何かを義務づけることは法律を定めることによってしかできません。でもその法律は、つくっているときは文字で条文を書いて、法制局で審査を受け、国会で質問に答えるのが仕事です。それが国会で通り、実際に施行されたとき、その係長は初めて、法律をつくるという自分の仕事によって目の前でリアルに社会が変わっていくことを実感として受け止めたのです。確かに机上で進める仕事には実感がわきにくいところがあります。自分が何のためにこの仕事をしているのか、携わる人にもまたわかるように伝えていく必要があるのだと感じました。

私もそうですが、公務員は現場の人の話を聞きに行くことが好きです。おそらくそれは、「こういうものができたらとても助かる」「こういう制度があったらうれしい」と現場の声を聞くことで、自分のしている仕事の意味を実感できるからなのでしょう。それに、リアルに手触りがあるものを見ると元気が出ます。普段は抽象度の高い仕事をしているので、現場に行って元気をもらうことは大事です。手がけている仕事の効果を実感できると、辛《つら》い仕事も進めていける、というところがあるのです。

国際社会の力を借りる

日本でも「均等法」ができるずいぶん前から、「男女の平等」や「女性の活躍」は大きな社会課題でした。特にいくつかの先進国は雇用の分野における差別を禁止する法律を持っていたので、そういう法律をつくってほしいという声は日増しに強くなっていきました。労働組合も熱心に運動していましたし、学者たちも海外の均等法制の研究を進めるなど機運は高まっていきました。そこに、先に見たように、男女別定年を違法とした判決が出て、大きな推進力になりました。それでも、それだけでは、あの時期に「均等法」はできなかったと思っています。もうひとつの大きな追い風がありました。それは国際社会からの応援です。

一九七五年は国連が定めた「国際婦人年」で、その翌年から一〇年間は「国際婦人の一〇年」として、女性の地位向上をめざす世界的なキャンペーンが展開されました。その流れの中で国連は一九七九年「女子に対するあらゆる差別の撤廃に関する条約」（以下「女子差別撤廃条約」といいます）を採択しました。

一九八〇年には、「国際婦人の一〇年」の中間年世界会議がコペンハーゲンで開かれ、わが国も多くの国々に交じってこれに署名をします。署名が終われば、次は批准ということになるのですが、そこに至るまでには大きなハードルがありました。なぜなら、日本の法律はそのままでは条約を批准できるレベルに達していなかったからです。この国際条約に署名するために、日本は法律や制度を変えなくてはなりませんでした。

日本が「女子差別撤廃条約」の批准に向けて動いていた頃、私は入省四年目で、外務省の国連局に出向しました。国連局は、いわば国連に対する日本政府の窓口で、私のいた課は、女性問題、障害者問題、難民や麻薬の問題、環境問題など、国連の扱う社会問題を担当している部署でした。

外務省の仕事の仕方は労働省とは全く異なり、最初はとても戸惑いましたし、いきなり三カ月間のアメリカ出張も命じられました。ニューヨークに出張し、「男女平等」や「女性の活躍」のために世界中の国が努力をしていること、また、「女子差別撤廃条約」の批准に向けても取り組んでいることを目の当たりにしました。

そして、日本も署名をしたからには、何とか批准にこぎつけたい。そのための準備が必要です。そこで、その第一歩として日本の全ての法律について、女性と男性で取り扱いが違っているものを調べ上げて一冊にまとめる仕事をしました。該当すると考えられる法律の条文を集め、当時はスキャンなどないので、全てコピーして台紙に貼り付けたものです。コピーには紙を切った跡が残っている、まさに手作業でした。

下っ端のする地道な作業ですが、それが必要だった理由は、日本に「女子差別撤廃条約」の批准に邪魔になる法律がないかどうか、すなわち改正が必要となる法律がないかどうかを確認するためです。外務省には条約のプロフェッショナルが集まる部署があり、そういうところと相談しながら、法律を一つひとつ洗い出し、また、他の国の条約に対する解釈などを調べたことは、とてもよい勉強になりました。女性差別だけではなく、女性を優遇しているものについても、それが差別に当たらないかどうかをチェックしていきました。

法律の洗い出しの結果、日本としては次の三点が問題であるという結論が出ました。

1　雇用における男女差別を撤廃するための措置が取られていないこと、すなわち均等法がないこと。

2　国籍法における男女の扱いが不均衡であること（当時、国際結婚をした夫婦の子どもは、父親が日本人でなければ、自動的に日本国籍を取得することができませんでした）。

3　学校で家庭科を履修するのが女子だけであること。

世界の多くの国が条約を批准する中で、日本が条約を批准できなければ、国際的にも遅れていることを露呈することになるわけです。

家庭科については、文部省（現・文部科学省）に制度を変えてもらわなくてはなりません。当時の文部省の担当官からは、「村木さん、教育の成果というのは二〇年から三〇年経《た》ってみないとわからないんだから、そんなに性急に教育の仕組みを変えることはできませんよ」といわれました。それを聞いて「そんな、三〇年後に失敗だったとわかったって遅いんです！」と喉元まで出かかりましたが、その言葉はぐっと飲み込みました。

条約の締結にあたっては、「留保をつける」というやり方もあります。ある特定の条項については、自国には適用しないという意思を示すことです。エジプトをはじめ、いくつかの国は留保をつけたような記憶がありますが、留保の意思表示をするということは、自分の国ではここはできていないと宣言することになるので、日本としては、それはしたくありません。だからとにかく、条約の批准に向けて日本は変わらなくてはならない。条約の批准は一九八五年、「国際婦人の一〇年」の最終年、ナイロビで世界会議が開かれた年でした。一九八〇年の中間年の世界会議で条約に署名し、批准の意思表示をした日本としては、何とか最終年までには批准を決めたかった。そのために、「均等法」の制定は急がれたのです。もちろん、国籍法における男女の不均衡も、家庭科の女子のみの履修についても、同時に改正が進められました。

終わってみればとても勉強になりましたし、下っ端の係員としての下積みの作業が、最後には条約の批准や「男女雇用機会均等法」につながっていったということが、何よりうれしいことでした。前述したように、公務員の仕事は、自分で全て完成させるのではなく、リレーでバトンを渡していくように何代かにわたって継続することがよくあります。これもそういう仕事のひとつでした。

2 障害者の完全参加に取り組む

障害者の完全参加の保障も、長い間、社会の大きな課題となっているテーマです。一九八一年は国際障害者年、二〇〇六年に国連総会で「障害者の権利に関する条約」が採択されるなど、このテーマも男女平等と同じように日本のみならず、国際社会が真剣に取り組んできた大きな課題です。

障害者雇用の取り組み

すでに書いたように、公務員には二年に一度程度の頻繁な異動があります。一九九七年、私は障害者雇用対策課長に任命され、初めて仕事で本格的に障害者の問題と向き合うことになりました。

ここで行う業務は、障害のある人が障害のない人と同じように、その能力と適性に応じて雇用され、その実力を発揮できるような社会を実現することです。

障害者雇用の分野の政策を議論する審議会の場は、他の労働分野と同様、経営者代表と労働者代表、そして公益代表がいますが、それに加えて障害者団体や障害者の支援を行っている人たちの代表が加わります。その方々の多くは一生かけてその仕事に取り組んでいます。

それに対して公務員の側はいわば素人で、二年もすればまた別のところに異動していく可能性が高く、異動するまでの二年、三年、あるいは五年程度かけることができたとしても、公務員が専門家の方々のレベルに達することは容易ではありません。そのような状況で、自分には何ができるのか、何をどのようにしていくべきなのかという思いを、このときはいつも以上に感じたことを覚えています。

そんな中、かつて上司からいわれた言葉を思い出しました。

「公務員は一流である必要はない。三流では困るが、二流でいいのだ。一流の人を外から連れてきて、その人の力を借りればよいのだから」

つまり、その分野の一流の人、プロフェッショナルは外にいるので、公務員はその方々の力を借りればよい、ということです。

そうか、公務員は必ずしも全て自分がわかっている必要はないんだ。私はその言葉で、公務員のするべき仕事を改めて意識することができました。

私がやっていくべきことは、その問題についてよく知っている専門家の方々のいうことを理解し、その分野では今、どういう課題があって何をすることが必要なのかを把握し、それを自分の頭の中で整理をし、国の制度としてはどのようなものをつくったらよいか発案して、実際の制度に落とし込んでいくことなのだ——。

新しい部署に配属になると、役所の場合は、施策の方針やこれまでの議論、取り組んできたことなどが、だいたい書類にまとめられて残っているので、それを読めばある程度のところは把握できます。しかし、新しく起きている問題はどういうことか、あるいは、現行の制度があまりうまくいっていないとしたら、どこがよくないのかといったことは、やはり現場に行かないとわかりません。現場に行き、現場の人の話を聞くことは、とても大切なことです。

また、本を読むことも役に立ちます。役所の資料は制度面やデータから入っていくので、それを読むと、どうしても役人の頭になってしまいます。ですから私は、新しい部署に着任したとき、役所の資料を読み込んで役人の頭になる前に、学者や現場の人が書かれたその分野でオーソドックスな本、よい本といわれているものを何冊か読むようにしていました。その分野に長くかかわっている人が書いている本を読み、リアルな状況をまず理解することはとても大切です。

人脈をつくる

さて、新しい組織、新しい分野に行って現場の方々の話を聞きたいとなったとき、最初は一体だれの話を聞きにいけばよいかわかりません。そのようなときは、どの分野にも業界団体はあるので、まずは団体の方に話を聞きにいったり、役所の前任者に、だれにアドバイスを受けるのがよいかを聞いたりします。

人脈はある程度引き継がれていくようなところがあります。信頼できる人脈は大きな財産なので、業界や現場のキーパーソンに会いにいくときは、複数で出掛け、役所で仕事に関わるメンバーが共通認識を持てる状態を意識してつくります。

その問題について熱心に取り組んでいる民間のネットワークに交ぜていただくことも、重要なことです。それができると、一気にその分野のキーパーソンに出会えるからです。そのような方々といかに出会い、いかに仲良くなるかも、問題を的確に把握するために大切なことです。

障害者雇用のハードルを下げる「トライアル雇用」

障害者雇用対策課長としての仕事を始めた当初は、お恥ずかしい話ですが、「こんなことをいったら差別になるのではないか」「こんなことをいうと気分を悪くされるのではないか」などと先回りして心配し、必要以上に委縮してしまっていたところがありました。しかし、障害者を雇用しているある会社の社長さんから「社長の仕事は社員のいいところを見つけ、それを最大限に発揮してもらって、会社に貢献してもらうことだ。その意味では障害の有無は関係がない。『社員』という意味ではみんな同じだ」と聞いて、パッと視界がひらけた気がしました。「働く人」という切り口で考えると、これまで自分がやってきた労働政策と何も変わらない。そう気づいてからは、気持ちがとても楽になりました。

障害者雇用に関しては、一九六〇（昭和三五）年にできた「障害者雇用促進法」という法律が施策の中心です。この法律も時代とともに進化してきて、一九七六（昭和五一）年には身体障害者の雇用が事業主の義務となり、さらに一九九八（平成一〇）年には知的障害者の雇用も法律で義務づけられました。

その頃の障害者雇用に対する世の中の感覚というのは、身体障害の人については、だれもその仕事能力について疑っていませんでした。たとえば、足が悪くて車椅子に乗っていても、力仕事はともかく事務仕事はできるよね、というわけです。それに対して、知的障害の人については、仕事ができるのかということに疑問を感じている人が大勢おり、雇用はなかなか進んでいませんでした。

しかし、知的障害のある人たちを雇用して、とてもよい仕事をしている会社は、現実にはいくつもあります。私が見学に行った高級外車の部品製造を行っている中小企業も、そのひとつでした。そこでは多くの機械が並んでいて作業服を着た人たちが一人一台ずつその機械を操作していました。社長に「後ろから作業をしている姿を見て、どの人に障害があって、どの人にないかわかりますか？」と聞かれましたが、私には全く見分けはつきませんでした。ところが、工場の一番奥の部屋まで行くと、ランニングシャツを着て、畳の上に座って、えんどう豆をさやからとり出す作業をしている青年が一人いました。一体この人は何をしているのだろうといぶかしく思っていると、社長は、「これが今年の新入社員です。この子が将来はあんなふうに、機械を操作するようになります」と説明してくれました。

入社してからその作業が確実にできるようになるまでの時間は、確かに、ほかの人より長くかかるかもしれません。しかし、成長はゆっくりでも、知的障害のある人も仕事をする人として成長していくのです。私は現場でそれを実感し、知的障害者の雇用を本気で進めたいと思いました。

制度を変えるにあたり、まず頭を悩ませたのは、企業にどうしたら知的障害者を雇ってもらえるのか、ということでした。知的障害のある人に仕事ができると思っている人は本当に少なかったのです。

その頃、障害者雇用に積極的に取り組んでいる大阪の人たちが、自治体や労使が協力してインターンシップを始めました。障害者に試しに働きにきてもらい、その姿を見て、雇用するかどうかを考えてもらえばいい、というのです。見学に行った私に、「これをぜひ全国に広げてほしい」とみんなで熱心にいいます。

話を聞き、やってみる価値があると判断しました。ただ、インターンシップというかたちでは働いてもお給料が出ないので、報酬が支払われる「トライアル雇用」を加えることにしました。

お給料の出ないインターンシップが一カ月、そのあとの三カ月は試用期間として、お給料をもらって働きます。その間に企業は本人の適性や能力を見極め、障害者は仕事が自分に合うか、良い労働環境かなどを見極めます。四カ月終わった時点で会社と本人が話し合い、合意があればそこから本契約をする、という流れです。最初の雇用のハードルを下げ、継続雇用につなげるきっかけをつくることが、この制度の目的でした。

制度の立ち上げにあたって予算請求を行ったとき、財務省は後ろ向きでした。ちょうどアジア通貨危機で、山一證券《やまいちしょうけん》の破綻などがあった頃で、「こんなに景気が悪くて健常者でも就職が難しいのに、障害者の雇用対策をやっても効果はないだろう。もう少し景気が良くなってからにしてはどうか」というわけです。

しかし、障害者はハンデがあるので、一～二年失業しているとますます雇われにくくなってしまいます。「景気が後退しているのは一時期のことなのに、ここで仕事をしていないと、それがツケとなって将来に影響してしまう。障害のある人こそ、間を開けずに雇用されていなければ、将来へのツケはむしろ大きい」と訴えたところ、比較的すんなりと理解してもらうことができました。

予算がつき、喜んで制度づくりを進めていると、今度はハローワークの職員たちの反対に遭いました。ほとんどストライキ状態です。「自分たちの仕事は、障害のある人たちに一生安心して働いてもらえる職場を探すことです。三カ月でクビを切ってもいいという職場を紹介することはできません」というのです。

なるほど、職員のいうことも理解できます。そこで知的障害者の雇用の支援では第一人者である当時の大阪市の職業訓練センターの関宏之《せきひろゆき》所長に意見を聞きました。

ハローワークでは三カ月でクビを切られる仕事は紹介できないと心配していますが、

もし実際に三カ月でクビを切られるとしたら、当事者はどう受け止めるのでしょうか。そう意見を求めたところ、彼は「それでもいい」といいます。

「たとえクビを切られたとしても、三カ月間パナソニックで、あるいはダイキンで働いた経験は、彼らの勲章になる」といってくれました。

パナソニックやダイキンの名前が出たのは、関さんが大阪の方だからです。要するに、たとえ短期間でもだれもが知っている大企業で働いたことは誇りや自信につながる、というのです。関さんの言葉に励まされて、制度をスタートさせました。障害者がクビになることを懸念したハローワークの動きが鈍い中、障害者雇用に熱心な経済団体の方々が、トライアル雇用をしてくれる企業を探してあげましょうと申し出てくれました。

経済団体と、いわば制度の発祥の地である大阪の方々の助けも得ながら、トライアル雇用の制度はスタートしました。そして、なんと約九〇%の人がそのまま継続雇用に移行できたのです。

「なんだ、仕事できるんじゃない」とシンプルに反応してくれた企業もあれば、「三カ月でここまでできるなら、もう少し続ければ、もっとできるようになるだろう」と考えてくれた企業もありました。また、「能力は低いけれど、職場にとてもよい影響を与えてくれたから雇います」といってくれた企業もありました。気持ちのよい挨拶やまじめな仕事ぶりなどが、職場の雰囲気を変えてくれたというのです。

この実績を見て、それまで及び腰だったハローワークの職員たちの態度も変わり、一転して協力してくれるようになりました。その後、知的障害者の就職は順調に伸びました。

この仕事は、とても気持ちのよいものでした。現場のハローワークの職員がどのような思いで仕事をしているかということがよくわかり、その気持ちがうれしかったですし、入り口のハードルを下げることで今までと違う道が開けるということもわかりました。私に障害者関連の仕事の経験がまだ少なく、あまり知らないうちだったので、逆に大胆に実行できたのがよかったのかもしれません。このトライアル雇用という手法は、その後中国残留邦人の方やホームレスの方、母子家庭のお母さんたちの雇用の促進など障害者雇用以外の分野でも、広く応用されています。しかも、一カ月のインターンシップ期間もやめて、最初から給料をもらえる形となりました。

この仕事でも公務員の仕事のおもしろさを感じることができました。社会の課題に向き合って、私たち公務員が、その分野で長く仕事をし現場のことを最もよく知っている専門家や第一線で活躍している人たちに意見やアドバイスをいただきながら、みんなの役に立つ制度をつくることができたのです。大きな社会課題に長年チャレンジしている方々の知恵を借りて、その人たちにも喜んでもらえる政策づくりができる、これも公務員の魅力です。

ところで、これは、それまでの身体障害者に加え、知的障害者の雇用を企業に義務づける際の出来事です。このときは、知的障害者の雇用はともかく、精神障害者の雇用は難しいのではないかというのが、多くの人の思いでした。

それが、身体障害者の雇用が企業に義務づけられたのは一九七五年、知的障害者は一九九八年、そして精神障害者は二〇一八年です。私は、障害のある人が普通に働くことを実現するためのこの長い取り組みの中で、前任者が、知的障害者の雇用を法律で義務づける法改正を成し遂げた後を引き継ぎ、どうすれば企業が法律に定められたその義務を守ることができるか、その具体的な方法を開発するという仕事をしました。そして、次の目標である精神障害者の雇用のために、どうすればそれが可能になるかを検討する研究会を立ち上げました。それを私の後任者たちが引き継いで、精神障害者の雇用を義務づける法改正をし、また、それを可能にするためのさまざまな具体的施策を生み出しています。

振り返って、最初は「とても無理」といわれていた知的障害者や精神障害者の雇用が実際に進んでいくさまを見ると感慨深いものがあります。各々のランナーの、走った区間の距離は短くても、リレー方式でバトンがつながれば、相当な距離を進むことができるということを実感します。

苦い決断

障害者雇用の分野はとても思い出深い仕事でした。障害者政策を担当する機会はもうないだろうと思っていたところ、二〇〇一年に労働省と厚生省が合併し、厚生労働省となり、私は障害者福祉の担当課長となりました。労働省に入省し、そこで仕事をしてきた私にとって福祉は新しい分野でした。

このとき、障害者福祉は大きな試練の時を迎えていました。直前に立ち上げた「障害者支援費制度」が財政難のため危機に瀕《ひん》していたのです。「支援費制度」は画期的なものでした。その制度ができるまでは、どこの事業所のどのサービスを利用できるかはすべて行政が決めていたのですが、支援費制度では介護保険と同じように、要件を満たせばどこの事業所のどのサービスを受けるかは自分で選べる利用契約というかたちに変えたのです。

当然に利用は増え、予算が足りなくなりました。新たにサービスを利用する人が増えましたが、国の予算は増えなかったために、もともとからサービスを受けていた特に重度の障害者の方々は、サービスを削られるのではないかと不安を募らせ、車椅子に乗っている人たちが、抗議のために役所を取り巻いたこともありました。利用者数の伸びに従って予算を増やす仕組みが法律の中に組み込まれていなかったので、予算で賄える範囲内に収まるよう利用を制限するか、自治体が赤字分を補塡するしかないのが当時の状況でした。どうやって制度の立て直しを図るかが私たちに課せられた仕事でした。

この支援費制度の失敗を踏まえて、新しい制度づくりが始まります。利用者が自分で利用するサービスを選ぶというルールは変えず、それに加えて、サービスの利用にかかったお金は国と自治体で必ず負担する規定を入れた「障害者自立支援法」をつくりました。そのとき、サービスの利用者にも介護保険と同じように利用料の一割を負担してもらう仕組みを導入しました。

もちろん、それまでも応能負担といって、利用者が負担能力に応じて一定の額を負担する仕組みはありましたが、一割負担を導入するという決断は、とても苦いものでした。所得の低い人には負担を免除する仕組みを入れましたが、それでも「定率負担」という考え方に対しての反発は大きく、反対する障害者団体の人たちが再び厚労省や国会を取り巻くこともありました。

障害を持っている当事者の人たちや長年障害者運動に携ってきた人たちと、延々と議論をしました。納得してくださった障害者団体もありましたが、反対の団体もありました。最後は、その反対を押し切って新しい制度の内容を決め、法律を国会に提出し二〇〇五年に成立しました。その後、「障害者自立支援法」はさらに改正され、二〇一二年に「障害者総合支援法」となり、利用料の負担を所得に応じたものにして負担も軽減されました。これらの改革を経て、障害者福祉サービスの利用は大幅に増え、予算も急増しました。紆余曲折《うよきょくせつ》はありましたが、障害のある人への福祉は大きく進展しました。担当した当時は、財政破綻した障害者支援費制度について、なんてひどい制度をつくったんだと恨みましたが、今振り返ると、支援費制度によって、サービスが使いやすくなり、利用が急増しなかったら、その次の改革にはつながらなかっただろうと思えるようになりました。それに、障害者自立支援法の内容に反対していた障害者団体の人たちが、法案を通したあとも変わらず仲良く付き合ってくれたことで、苦悩しながら取り組んだ法律も価値があり、この分野の当事者たちも役所の人間の努力や苦しみをわかってくれていることに励まされました。これも公務員の醍醐味かもしれません。

また、「障害者自立支援法」では、障害がある人が働くための施策も充実させることができました。これには、私が障害者雇用の担当をして、その分野に知識があったことも役立ったと思います。一つの仕事が、別の仕事で役立つのも喜びです。

障害者福祉は、第二次世界大戦が終わった頃には法律もなく本当に手薄い状況でした。

やがて、施設をつくって、そこで安心して暮らしていただこうという政策が進み、さらに時代が進むと、施設に「隔離」するのではなく、普通に地域で暮らせるようにしようと、考え方は変わってきました。ただ、地域で暮らすための福祉サービスができても、地域社会が受け入れてくれるのか、本人の意思決定をどうやって支えるのかなど、さまざまな現実的な問題を解決していかなくてはなりません。

公務員は、必要なら制度を利用できるという選択肢をつくることはできますが、みんながそれを利用する状況になるまでには、もっといろいろな人の力が必要になります。制度ができたところで、それだけではめざす社会は完成しないのです。

ここを変えるのは、最後は教育や意識の問題になる、といわれることがあります。しかし、私はそうはいいたくありません。だれも人に意識を変えるように強制などできないわけですから、意識の問題にしてしまったら、制度をつくる側の逃げ道にもなってしまいます。そこはやはり、制度で押していかなければいけないところでしょう。制度が変われば、意識が後からついてきて、変わっていくところもあります。ですから、公務員は、制度をつくるという、自分がするべき仕事をまずは懸命にやっていくことが大事だと思っています。

気長に頑張る、風を逃さない

このように、気長にやらなくてはいけないない仕事は多く、社会課題の解決をあきらめないという頑固さと、一方で、それが実現するタイミングを見極める力が問われるところかもしれません。

つまり、法律が必要になるであろう問題をいち早く見つけ、研究し、理論武装をし、世論を見方につけつつ、国会もイエスという、そこまで持って行くことが、法律や制度をつくったり、改正したりするときの公務員の仕事ということになります。公務員は通常、二年程度で別の部署に異動するので、長くかかる仕事を最初から最後まで見届けることはまずありません。これまで紹介した「男女平等」や「障害者の完全参加」をめざす施策をどのように進めてきたかを読んでいただくとわかると思いますが、それは本当に長い道のりです。先輩のやった仕事を引き継ぎ、自分が仕事をし、さらにそれを、全く違う人に引き継いでもらいます。

前述したように、新しい部署にきて新しい仕事の担当になったら、それまでその仕事がどのように動いてきたのか、残された書類を見て、関係者の話を聞いて、猛勉強をします。

それでも、すぐにプロのようになれるわけではありません。よく知っている人から聞いて、よく理解して、いろいろな人に相談していけばよいわけです。

バランス感覚も重要になります。労働問題であれば、労使は常に対立をしています。社会保障や福祉の制度であれば、手厚くすれば、コストも増え、国民の負担も大きくなります。課題を解決する現実的でバランスのよい案をつくっていくことが公務員には求められます。タイミングを読むことも大切です。こういう法律をつくりたい、こういうふうに改正をしたいということがあっても、「今、風が吹いていないね」「どうしたら風が吹くかな」と言い合うことはよくあります。大きな法律は国会を通すためにも、あるいは予算を獲得するためにも、風が吹いているかどうか、つまり、世論が応援してくれるかどうかということは、とても重要になってきます。

前述したように、国際社会が大きな風を吹かせてくれることもあります。また、悲しいことですが、風は、物事のよくない面が顕在化したことをきっかけに吹き始めることがあります。たとえば、児童虐待や過労自殺のようなショッキングな出来事が起こると、人々の間に、一気にその問題についての認識が広がり、なんとかすべき問題である、と考えられるようになるのです。二〇一五年に広告会社の電通の若い女性が過労自殺したことによって、社会が「働き方改革」の重要性に気づいたように、不幸な出来事が物事を進めることはあるのです。そういう不幸な出来事から学び、今だから進められるというタイミングを逃さず、課題の解決につないでいくことが大切だと思います。

公務員の仕事は、長い距離をバトンをつなぎながら進めていく仕事です。一人ではできないことも、チームでならできる、今はできないことも、風を待ち、時間をかけてチャレンジしていくことでできる、それが公務員の仕事だということが理解いただけたでしょうか。

第四章

公務員の働き方

島根には子ども連れで赴任した

二年ごとの異動

先に紹介したように、国家公務員は平均するとだいたい二年ごとに人事異動がありま す。短いときには一年で異動になることもありますし、まれに三〜四年同じ部署に留まることもあります。それまでやっていたところと全く違う分野に異動することが多いのですが、前にやったことのある仕事に何年か経ってまた戻って来ることもあります。私も一〜三年ごとに異動し、三七年半の公務員生活で地方勤務やほかの役所への出向を含めて二二のポストを経験しました。地方公務員の場合は、おそらくひとつの部署にいる期間がもう少し長いと思います。

ひとつの部署に二年しかいられないことについては、当の公務員たちも、やはり「二年は少し短い、三〜四年はいたい」と感じています。その仕事に慣れてきて、次はこういうことがしたいと考えられるようになった頃に別の仕事に移ることになり、またそこで新たに勉強を始めなくてはいけないわけですから。とはいえ、法律や制度をつくる仕事や、国会対応や予算要求のノウハウなどは、どの部署にいても共通しており、異動が頻繁だからといって、必ずしも全て一から勉強し直さなければならないというわけではありません。

省内の異動のほかに、他の省庁や自治体への出向もあります。最近では民間企業に出向する場合もあります。

みなさんの中には、公務員は単調な仕事の繰り返しで変化に乏しいというイメージがあって、飽きっぽい自分には向かないかもしれないと心配をしている人が多いようですが、それは逆で、この頻繁な人事異動のおかげで常に新しい仕事にチャレンジさせられるので、飽きるということはないと思います。

出向で視野を広げる

他の省庁への出向は、その業務に精通しているから呼ばれる場合も、それまでの仕事とあまり関係がないところに行く場合もあります。私の場合は、外務省と内閣府に合計三回出向しましたが、いずれももともとの仕事と関係のある業務への出向でした。

一度めは、先にも書いたように外務省の国連局への出向です。私が出向した一九八一年当時、日本は国連で採択された「女子差別撤廃条約」の批准に向けて動いており、その条約に関連した業務の一端を担当しました。仕事内容は、労働省でカバーする分野と、半分ほど重なっていたといえます。

同じ外務省への出向でも、ＷＨＯ（世界保健機関）の担当ということであれば、厚生労働省で医療関係を担当した経験のある人が適任だということになります。また、住宅問題を担当するのは人の暮らしをよく知っている人がよいということで、厚生労働省から国土交通省の住宅担当の部局に出向する人もいます。出向には、持っている知識を出向先で活かすという意味合いがあります。

一方、厚生労働省の同僚でも、たとえば、都道府県庁への出向に際して、ふだんの仕事とは全く関係のない農業や漁業関連の業務についた人がいますし、環境問題の担当になった人もいます。こういった出向は、全く異なる環境や仕事で自分の視野を広げるという意図で行われます。

このように、出向には専門知識を生かす意味合いと、視野を広げるという意味合いがあり、本人にとっても、自分の知識・経験が求められているのだなあと思えるときもあれば、青天《せいてん》の霹靂《へきれき》のような予想外のケースもあります。

また「視野を広げる」にしても、違う世界を見聞する意味合いだけでなく、組織や仕事を俯瞰的《ふかんてき》に捉えられるようにするという意味合いのケースもあります。

私の二度めと三度めの出向の行き先はいずれも内閣府で、一回めは男女共同参画を、二回めは共生社会づくりを担当しました。厚生労働省ではずっと福祉・労働分野の仕事をしていくわけですが、全ての省庁の仕事を取りまとめる内閣府では、それまで縦で見ていたものを、俯瞰して全体を見ることになります。すると、厚生労働省をはじめ各省のよいところ、悪いところ、各々のエゴなどが客観的に見えてきて、とても勉強になりました。

外務省に出向したときも、たとえば、条約批准のために各省庁の政策を取りまとめたことで、やはり横軸で見る視点が培われたと感じました。出向には、専門分野を生かして活躍するということ以上に、視野を広げ、物事を違う角度から見る視点が養われるところがあると思います。

国から地方自治体に出向すれば、国の政策が地方の現場から見たときにどう見えるかがよくわかりますし、地方自治体から国に出向して来れば国レベルで物事を見るとどう見えるかを学ぶ機会となります。また、現在は、少ないながら、国から民間企業に研修に出る機会もあり、また、海外での勤務、具体的には海外にある日本の大使館や国際機関で働く機会も多くあります。これらは視野を広げるまたとない機会となっています。

国家公務員は基本的には同じ分野の仕事を何十年もしていきますが、このように異動や出向を通して全く違う場所を覗《のぞ》きに行くチャンスも用意されており、ひとつの省庁に入っても、それ以外の経験が全くできないということはありません。特に最近は世の中の変化が速くなっているので、職員にいろいろな経験をさせたほうがよいという考え方になりつつあり、かつてに比べ、違う仕事を経験する機会は増えています。この傾向は国家公務員でも地方公務員でも共通していると思います。

また、自治体や各省によっては、異動や出向にあたって本人の希望を聞く方向に変わりつつあります。もちろん希望者の多い部署とそうでない部署があるので、必ずしも全て望みが叶《かな》うとは限りませんが。

しかし、どんな仕事でもそうだと思いますが、仕事というものには、半分、運命の女神がかかわっているようなところがあります。決して自分の計画通りになるわけではなく、思わぬところに行くことになったりするのですが、やってみたらとても自分に合っていたとか、そうやってある仕事を手がけたことをきっかけに、その後ずっと同じ分野の仕事をすることになったとか、予想外の展開がいろいろ起こるものです。その時点では希望通りにならなかったとがっかりしても、結果的にはよかったと思えるようになることがよくあるのです。最初からガチガチに決めず、少し成り行きに任せようという気持ちでいるとよいのではないかと思います。

なぜ長時間労働になるのか

公務員、特に国家公務員は超長時間労働が当たり前の仕事だと考えられています。二〇一九年八月には、厚生労働省の若手職員たちが「厚生労働省の業務・組織改革のための緊急提言」を発表し、それによって、人員不足からくる業務量の多さ、そこから派生する残業時間の多さや職場環境の劣悪さなどが、職員のモチベーションを削いでいる現状が一般にも改めて知られることになりました。

それでも最近は多少はマシになってきているのですが、つまりそれは裏を返せば、以前が悪すぎたということです。私が入省した頃、上司から、国家公務員に必要なのは「一に体力、二に気力、三、四がなくて五に知力」と言われました。体力がなくては始まらない、続けられない仕事であることは確かでした。

その点については今もまだ十分に改善されているとはいえませんが、現在は政府主導で働き方改革を進めていることもあり、通常時は夜八時以降に職場に残っている人はないように、という努力がなされています。

それでも、法案を抱えているときや国会対応があるとき、大きな自然災害のように緊急事態が起こったようなときはそういうわけにはいきません。

法案作業のように、締め切りがあり、それまでに仕上がらないと大きな影響が出る仕事のときは、どんなに遅くなってもやらざるを得ないところがありますし、国会はいわば与野党のせめぎ合いの場なので、その対応にはとても労力と時間を使います。たとえば、政府が国会に提出した法案に対し、野党は、ここが問題だ、もっといい案があるはずだと論戦を挑んでくるわけですから、なぜこの案がいいのか、これが絶対オススメである根拠を示したり、あるいは、野党の意見を取り入れる妥協案を考え出さなくてはいけないからです。これを決まった国会の会期中に決着をつけていかなければならないのですから、集中的に残業をせざるを得ないということにもなるわけです。

また、災害発生時には役所がのんびりしているわけにはいきません。厚生労働省であればすぐ災害対策チームを編成して、医療従事者の派遣や福祉施設の被害状況の調査など、さまざまな緊急対応をすることになります。今回の新型コロナウイルスの感染拡大なども同じです。

省庁によると思いますが、厚生労働省の場合は、現場を視察することを重視しているところがあります。実際、現場ではいろいろな発見があって参考になるので、現場に行くことを好む人は多く、強制参加というわけではありませんが土曜や日曜に現場の見学を行うこともあります。

このような職場柄、公務員の場合は、いくら努力をしてもきれいに残業をなくすのは厳しいところがあります。ただ、働き方改革は霞《かすみ》が関《せき》を通り過ぎているわけではなく、役所でも確実に取り組まれていますし、今後はさらに効率化が進み、長時間労働が是正される方向に向かうことは確かだと思います。

ライスワークからライフワークへ

「はじめに」でも紹介した、「自分はやりたいことがあり、それをライフワークにしたいと思ってこの分野を選んだけれども、だんだん現実がわかってきてライスワークになりかけている」という言葉、実は研修会で出会った若手公務員から聞いた言葉です。ライスワークからスタートした私からすると、ライフワークを志して入ったなんてとても立派だと思います。

しかし、どんな人にもライスワークは必要であり、ライスワークもライフワークも両方あっての仕事です。ライスワークと感じる仕事でも、それに取り組む中で、自分がやることはこれだ、というライフワークを見つけていけばよいのです。

公務員は異動が多く、いつでも自分の好みで仕事ができるわけではありません。しかし、多くの部署を回り、さまざまな仕事を経験し、いろいろな立場の人の話を聞き続け、自分のポジションが上がっていくに従って、自分の仕事を大きなミッションとして捉えられるようになっていきます。私自身もそうでした。それができるようになってからの私は、どのポジションに行って、どの仕事に携わっても、これは自分のやりたい大きなミッションの一環だ、と捉えられるようになったように思います。

もちろん、最初からライフワークに出会う人もいるでしょう。しかし、私のようにライスワークから入っても、いろいろ経験していく中で、自分はこの分野でこういうことをしたいと思えるような仕事を見出《みいだ》していくことは可能なのです。

私より数年前に厚生省に入った辻哲夫《つじてつお》という人がいます。私は労働省に入省したので、二〇〇一年に二つの省が統合されて厚生労働省になるまで特に接点はなかったのですが、私を「障害者自立支援法」をつくる仕事に投げ込んだのが、ほかでもない辻さんでした。

ろくに福祉のことを知らない私を、よくもあんな揉《も》めている渦中の仕事に放り込んだと思いますが、お酒を飲みながら話をしていたとき、辻さんが「村木さん、君はこれをライフワークにしてくれ」というのです。「君はこの問題をきっとわかってくれるから、ライフワークにしてくれ」と。労働省の時代に障害者雇用を担当していて、関心のあるテーマだと思っていたので、「わかりました」と答えました。

それからしばらくして、また辻さんと話す機会がありました。そのとき辻さんは、「障害者自立支援法」とは全く別の問題を「村木さん、これを君のライフワークにしてくれ」というではありませんか。酔っ払っていて前にいったことを忘れたのかしらと思ったら、次のセリフが、「村木さん、ライフワークは三つまでいいからね」。私は、ライフワークが三つなんて体がもたないと思ったのですが、そのとき、そうか、この人はいくつもの分野をライフワークだと思って取り組んでいるから、いつもパッションがあり、周りの人にも信頼され続けているのか、とわかりました。

辻さんがライフワークをどのタイミングで見つけたのかわかりませんが、私のように知らない仕事の渦中に放り込まれ、新しい課題に巡り合って、感じるものがあり、大事な仕事だと思え、これをライフワークにしていこうと情熱を注げるようになるという、そういうやり方でもおそらくよいのです。それがライフワークだと思えるようになったら、そのポストを離れても気にかけ続ければ、つながりもずっと続いていきます。

このようなライフワークとの出会い方もあるので、初めから決めすぎず、まずは目の前の仕事を一生懸命やっていくというのも、立派な働き方だと思います。

逆にもし、ライフワークだと思っていた仕事がライスワークに見えてきたとしたら、それはハードワークに疲れているのかもしれません。ちょっとスピードをゆるめてみる、気分転換してみる、全く違う分野の人と話してみる、そんなことをして、少し距離を置いて自分の仕事を見つめるといいと思います。

ある人材関係のコンサルタントの方に教えてもらったのですが、職業人生の前半は「川下り」、後半は「山登り」がよいそうです。つまり、仕事がどういうものか、そして自分にどういう能力があるかよくわかっていない時期は、川下りのボートを転覆させず漕《こ》ぐように、とにかく与えられた仕事をしっかりこなす。経験をある程度積んでからは、どの山に登るのかを決め、そして、どのコースをとるかを決めて登るように、自分の職業上の目標をしっかり決め、その道を邁進《まいしん》するのがよいというのです。これはとてもよいアドバイスだと思います。

地方のベテランと新米キャリア

公務員のキャリア（上級職）は、地方に行く場合、それまで全く経験したことのない分野の仕事のトップにつけられてしまうことがあります。第一章で島根労働基準局（現・島根労働局）に赴任した話を書きましたが、そのときが、まさにそのような状況でした。周りがベテラン揃《ぞろ》いの中、私だけがキャリアだけどこの分野では新米、それなのに課長というポジションについている。なかなかやりにくい状況だということはみなさんにも想像がつくと思います。

私も悩みましたが、受け入れ側のベテラン監督官たちも、やはり戸惑い、私をどう扱うべきか困っていたようでした。後から「三〇歳そこそこの女の課長が来て、最初はどうなることかと思った」と聞きましたし、そのとき私は小さな子どもを連れての赴任だったこともあり、「空前絶後」と絶句されもしました。そのような中で、どう仕事をして行けばよいのか、最初はとても悩みました。

その分野の素人なのに、そこでリーダーをやらなくてはいけない事態は、若手のいわゆるキャリアの公務員に共通する悩みです。若手の研修会を行うにあたり、知りたいことを募ると、現場や地方に管理職で行ったときに、どうリーダーシップをとればよいのかということが、やはりテーマとして上がってきます。

では、そのとき私はどうしたかというと、上司だからといって、わからないのにわかったふりをしても仕方がないと考えました。だから、わからないことはわからないといって教えてもらい、その代わり、少しでも得意な仕事があったら、そこではきちんと能力を発揮するようにしよう。そう考えて、仕事に取り組みました。すると、先述したように、週休二日制の導入に向けて企業の方々に理解をしていただくという仕事がきて、統計調査の経験のある私がうまく能力を発揮できる機会がきたわけです。

一緒に働いていた人たちは、普段は法に基づく権限で取り締まりをするというハードな仕事をしており、ソフトな行政は不得意でした。それに対して私は、調査をして数字を出し、結果を広報することで政策を理解してもらおうと考えたわけです。結果的にはうまく行き、この仕事によって広報の大切さを知ることができたことは、その後の大きな財産になりましたが、それだけでなく、組織のメンバーそれぞれがどのように能力を活かしていくかということを考え、実践できたことも、私にとってとても貴重な経験となりました。

　実はこの仕事は本省からも認めてもらえ、良い仕事をした地方機関として賞を受賞することができました。賞の候補に上ったとき、本省で審査に当たっていた幹部は、広報を上手にやって新聞に載った程度では入賞させるほどの価値はないと反対していました。ところが、島根で一緒に仕事をしたベテラン監督官がその幹部に、あの調査はどのように行ったか、どんな工夫をしたかということとともに、「初めてのチャレンジだったけれど、全員で一生懸命やったんだ。本当におもしろい仕事だった」と熱く語ったそうで、幹部もそのチームワークを評価して、結果的に受賞に賛成をしてくれました。表彰されて、一緒に働いたみんなと喜べたことも、とてもうれしい思い出です。

　公務員は、総合職と一般職といういわゆるコース別の採用となっています。採用されたコースによって、仕事や昇進のスピードなどに違いはありますが、結局は「チーム」で仕事をすることになります。自分のチームの中の役割をしっかり見つけていくことで、どのコースであってもいい仕事はできるし、チームでやるからこその喜びも大きいと思います。

心強かった女性ネットワーク

まだ育児休業制度も時短勤務制度もなかった時代に、結婚して二人の子どもを育てながら、厳しい労働環境のなかで働き続けていくのは、確かにそう楽なことではありませんでした。最後まで仕事を辞めずに続けることができたのは、やはり当時の労働省にいた女性の先輩の存在がとても大きかったです。

私が入省した約四〇年前、全省庁で八〇〇人ほどのいわゆる上級職の採用がありましたが、女性は二〇人ほど、わずか二～三％という時代でした。とりわけ、行政・法律・経済といった試験区分では、女性採用に最も積極的だった労働省でも、年に一人か二人、全省庁合わせてもわずか数人という時代です。そのため、女性同士の結束は固く、女性キャリアたちは「あけぼの会」という会をつくって情報交換などをしていました。

その会のなかで最も大きな勢力を占めていたのが労働省で、先輩方はみんなとても面倒見がよく、後輩たちが初めて管理職になるときや、子どもが生まれる、地方に赴任するといった職業人生の節目節目に、必ず何人かが集まってくれて、食事をしながら、自分のときはどうしたとか、それはこうしたらよいのではないかとか、それぞれが経験を語ってくれたり、思い思いに意見を出してくれたりしたものです。

出てくるのはバラバラな意見なのですが、バラバラだからこそよかったのです。それはつまり、自分に合ったやり方を選べばいい、どんなふうにでも乗り切っていけるということ。それがわかって心強かったですし、何よりもみんながいつも「なんとかなるから！」といってくれたことが心の支えになりました。私よりもずっと長く勤めている人たちが、職場と家庭を両立させるときのよいことも悪いことも晒《さら》して、「でも、なんとかなるよ」と。「なんとかなる」といっている先輩は、本当になんとかなってきたわけですから、何よりリアリティがある助言でした。

こういった先輩方のサポートは仕事を続ける上で本当に力になりましたし、もし自分が途中でやめるなどと言ったら、この人たちに怒られるだろうなと思ったほど、よく面倒を見ていただきました。

年一回の「あけぼの会」の大きな集会には人事の責任者である男性の人事課長や官房長も呼ぶのですが、そういうときに先輩方は、女性差別はしないようにとプレッシャーをかけてくれたり、若い後輩の昇進が遅れていたりすると「あの子は一生懸命やっているのに、どうして」と指摘してくれたりしていました。

このような先輩方の行動については、第三章でも紹介した『WORK DESIGN（ワークデザイン）：行動経済学でジェンダー格差を克服する』という本を読んだとき、その意味がはっきり理解できました。この本は、行動経済学を活用してジェンダー格差を克服する方法について書かれたものですが、そこには、女性が自己主張すると生意気だと受け取られやすく、同じ主張を男性がしたときに比べて嫌われやすいと書かれていました。しかし、女性が「自分のため」ではなく、「会社のためになる」とか「社会全体のためになる」と論理的に説明でき、かつ、自分のためではなく、後輩や、別のだれかのために主張した場合は、嫌われ方がずっと少なくなるのだそうです。その本にあったあれこれは、先輩方が何十年も前にしていたこととそっくり同じでした。当時はこうした行動経済学の研究成果はまだありませんでしたが、先輩方は経験的に、そう行動するとよいことをよくわかっていたのでしょう。

また、この本には、これから管理職になろうという女性のためにいわゆるリーダーシップ研修を行う組織は多いけれど、こうしたときに、心構えなどを説いても大して役に立たず、本当に役に立つのは、仕事にとって中核となる具体的な能力を身につけさせることや、必要なネットワークをつくる手助けをしてやることだと述べられています。これもまさに先輩たちのしてきたことだと驚きました。

女性の先輩方には本当にいろいろなことを教わりました。「しっかりやりなさい」と叱咤《しった》されるのではなく、「これから懇親会的な飲み会があるんだけど、あなたも来なさい」と、外で助けてくれる人に会う機会をつくってもらいましたし、国会議員へのレクチャーの仕方など、実際にその場面に同行させてもらって具体的にノウハウを教えてもらいました。先輩方を通して、次のステージではどんなことがあり、どんな能力が必要になるのか、こういう事態が起きたらどういう対応をすればよいかなどを早くから見ることができたことは、いざ自分がその立場になったときに、とても役立ちました。

公務員の組織は典型的なピラミッド型をしており、そのことのマイナス点もありますが、しっかりした組織である分、意識的に上から下へ仕事のノウハウを引き継いでいくよさも大いにあると感じています。

現在は女性キャリアの人数も増え、厚生労働省ではキャリアとして採用されるうちの約四〇％、全省庁でも三〇％に上るまでになりました。多くの女性を採用するようになってまだそれほど年月が経《た》っていないため、省庁全体での女性の人数はまだ二〇％程度ですが、女性は着実に増えています。

実際に公務員としての仕事をやってみて実感するのは、男女で能力差はなく「女性だから不利」ということはないということです。ただ、公務員に限らず、仕事と家庭の両立の問題は根強く残っています。しかし、それも年々改善が進んでいます。育休を取ることも当たり前、今はむしろ男性の育休取得に力を入れています。育休から職場復帰した後に、さまざまな仕事で能力を発揮して昇進をし、管理職として活躍する女性も多いので、女性も男性も当たり前に仕事と家庭を両立していく方向に変わっていくと思います。だから、ぜひ多くの女性に公務員をめざしてもらいたいと思います。

実は、「雇用機会均等法」の施行後ぐらいから、社会全体で女性活用の機運が高まったこともあり、女性の人数が一気に増えたのですが、その時期に採用された女性たちの退職が相次いだことがありました。それは「人数が増えて、私たちが若手だったときに先輩方にしてもらったような手厚いことができなくなったけれど、制度も整いつつあるし、もう大丈夫だよね」と、先輩の立場になった私たちが考えていた時期でもありました。しかし、若い人がバタバタと辞めていってしまい、危機意識を持ったメンバーが「かつてはこうしていたよね。もう一回やってみよう」と、再びインフォーマルな女性のネットワークをつくり直し、育休に入る人たちのフォローをするなど働きかけを強化しました。制度ができても、やはりそれだけでは十分ではなかったのです。そのように私たちも、行きつ戻りつしながら、手探りで前に進んでいきました。

性別や学歴より実力で評価される

厚生労働省では長い時間をかけて、男女が同じように働けるように省内の職場環境を整える制度をつくってきました。この点はやはり、そもそも旗振り役の厚労省が全省庁の中でも最も進んでいます。少なくとも厚労省において男女差別はありません。

私が労働省に入省した頃は、やはりまだ女性差別はありました。労働省には、のちに法務大臣や文部大臣、内閣官房長官を務めた森山真弓さん（一九五〇年入省）や、のちに文部大臣になった赤松良子《あかまつりようこ》さん（一九五三年入省）などが先輩としていらっしゃいましたが、こうした諸先輩方は、だれが見ても同年代の男性以上に優秀だったのに、昇進は男性より明らかに遅かったのです。私が地方で課長になった一九八〇年代頃になっても、女は人事や予算に関わる部署の課長にはしないとか、男性でも独身者はダメとか、転勤で地方に赴任するときに妻を帯同しない人は課長にはさせないとか、能力以外のところでの暗黙の慣例がありました。

しかし、今はどの省庁でもそのようなことはなくなり、基本的に男女の差が小さい職場になっているといえます。出産や育児で休んでも問題なく職場復帰でき、実力で遅れを取り返せるようになっています。

また、公務員には学閥ががっちりあるように思われているかもしれませんが、国家公務員の出身大学のバリエーションはとても増えています。特に厚生労働省は「公平な採用を進めること」を先導してきたこともあり、労働省時代から、さまざまな大学の人を意識的に採用していました。もちろんどの省庁でも、この大学でないといけないということはありませんし、入ってから差別されるようなこともありません。私自身も、学閥差別を感じたことはありません。

一つの省庁で一年に採用されるのは総合職であれば平均して数十名です。そのため、仕事の実力も本人のキャラクターも、誰にでも見えてくるものです。公務員は仕事ぶりがきちんと評価される仕事であると考えてよいと思います。

ややや増加する若手の離職

これまで公務員というのは、長く勤めることが前提の仕事でした。公務員は雇用保険の適用から除外されていて失業保険がないのですが、それも本来は最後まで勤め上げることが当然で、途中で退職することは想定されていなかったためだと思います。

しかし、最近は一般の企業と同じように、若い人の定着率は多少下がってきています。その理由のひとつとして、下積みが長いピラミッド型の組織であるため、なかなかすぐに自分で結果が出せるようにならないということがあるように感じます。また、チームで仕事をするし、多くの外部関係者との調整を要する仕事が多いので、自分のやった仕事の結果や成果が見えにくいということがあるかと思います。優秀な人であればあるほど、焦りや物足りなさを感じることも多いようです。

若手の離職率の高まりについては、日本の伝統的な企業も同じように悩んでいます。やはり下積み期間が長すぎるのでしょう。仕事をおもしろいと思ってもらうには、仕事を通して成長している実感、自分がこの仕事をやったという手応えを、もう少し早く持てるようにしたほうがよいのかもしれません。

公務員の場合、しっかりしたピラミッド型の組織である一方、新しい仕事を始めるときには、ピラミッドから外れたプロジェクトチームを組むことが昨今増えています。プロジェクトチームは、違う組織から集まったメンバーをリーダーがとりまとめていきます。年齢や立場にかかわらずみんながメンバーという立場のフラットな組織なので、若くてもアイデアを出せば、それでわーっと議論が盛り上がるようなことがあります。そのような仕事の仕方がとても楽しいという人も多く、若手にやりがいを感じてもらえるような働き方の工夫は、まだまだ考えられるだろうと感じています。

とはいえ、現在は転職がしやすくなっていますし、外資系企業に転職する、海外で働く、起業するなど選択肢もこれまで以上に増えているので、離職は今後も増えていくでしょう。

私は途中で公務員を辞めること自体は、悪いことではないと思っています。今は仕事の内容は元より、よりよい働き方を求めて転職していく人もかなりいて、それぞれがそれぞれの新天地で、自分のやるべきことに出会っていけばよいと考えています。

キャリアの多様化

辞めていく人がいる一方、途中から役所に入ってくる人もいます。公務員試験には年齢制限があるので、基本的には若いうちに入ってくるのですが、最近では民間で仕事をしてきた人にそのキャリアを活かして入職してもらうことも増えています。たとえば弁護士や、地域で活躍していた看護師や保健師といった専門職の人がその専門性を活かして政策立案に携る、あるいは企業から広報やＩＴの専門家といった形で入ってくる人もいて、人材の交流は増えています。

また、これはまだ数は少ないですが、一度役所を退職して民間企業に行った人が、もう一度役所に戻ってくる例も出てきています。先日は経済産業省で、いったん辞めて民間企業へ出た人が戻って課長のポストについたと話題になりました。民間企業で働いてみて、自分の会社や業界をどうしていくかということだけではなく、そもそもの制度自体をどうするかというところをもう一度やりたいと思うようになることもあるでしょう。そう考えるようになったら、戻ってくるのもひとつの選択肢かもしれません。公務員のキャリアも少しずつ多様化が始まっており、中途採用や再入職を含め、これからますます流動的になっていくでしょう。

出向も以前は他省庁や自治体など公務部門がほとんどでしたが、今は民間企業への出向で二年程度行くようなことも一般的になってきており、キャリアのバリエーションはとても増えています。私自身も今、社外取締役というかたちでいくつかの民間企業に関わっていますが、民間企業は競争に勝ち利益を出すために、コストの削減や収益性の高い分野への進出などについて、ものすごいエネルギーで考えているということに圧倒されます。スピードも速い。公務員がそうした企業から税金をもらっている以上、民間企業の利益に対する努力、ヒリヒリするような緊張感をきちんと体験しておくことは大事なことです。その意味でも、公務員と民間との交流の機会が増えることは、とてもよいことだと思っています。

第五章 これからの公務員

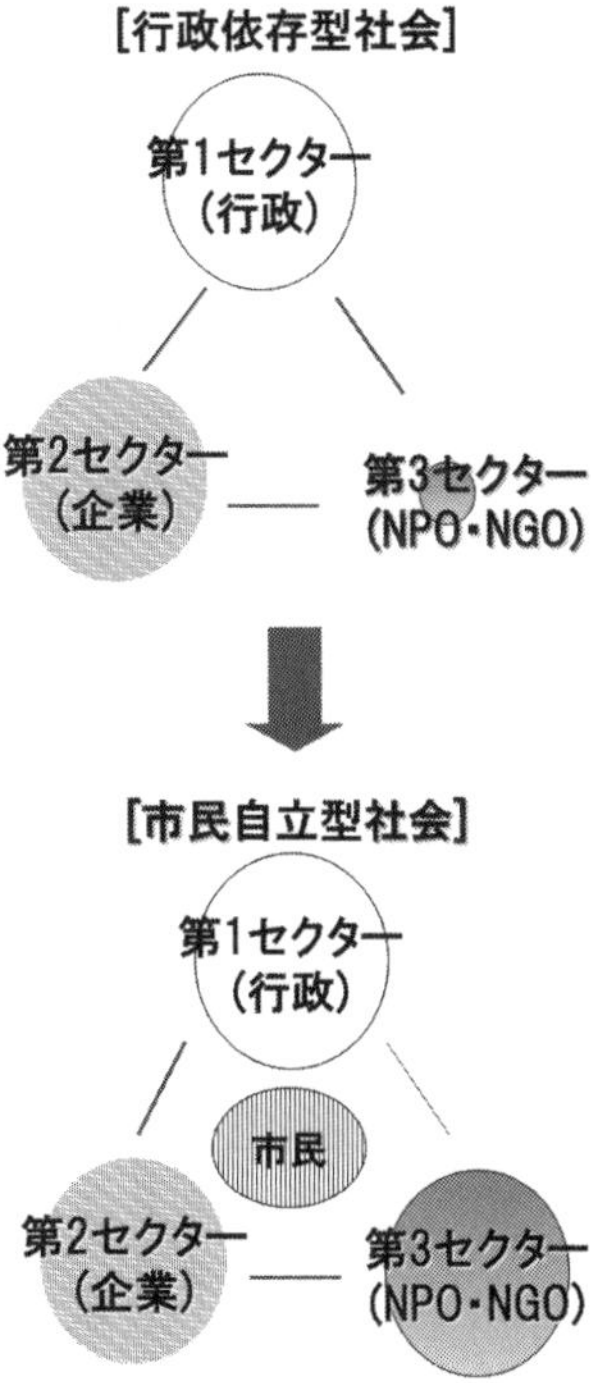

社会システムの変化（日本フィランソロピー協会スライドより）

外の世界に出てみる

「今ほど変化のペースが速い時代は過去になかった。だが今後、今ほど変化が遅い時代も二度とこないだろう」

これは、二〇一八年にダボス会議に出席したカナダのトルドー首相の言葉です。AIをはじめとする科学技術の急速な進展への対応の重要性と難しさを表しています。私たちの社会全体がこの変化に対応していかなければなりません。

公務員はやりがいのある仕事であるということは、これまで書いてきた通りですが、働き方にしても組織のあり方にしても、改善するべきことがたくさんあります。そのうえ、こうした社会の急速な変化への対応を考えれば、変革を急がなければなりません。

まずやらなくてはならないのは「外の世界に出てみる」ことです。

公務員の不祥事が報道されるたびに思うのは、閉じられた組織のままではいけないということです。不祥事は閉じられた世界の中で、そこでのみ通用する理屈に流されて起こることが少なくありません。そのため、開かれた風通しのよい組織になっていくこと、公務員一人ひとりが積極的に外に出て行くことが、とても重要だと思います。

私は公務員を退職してから、貧困や虐待などに悩みながら相談できずに苦しんでいる少女や若い女性たちに寄り添い支援するＮＰＯを立ち上げ、活動していますが（「一般社団法人若草プロジェクト」）、若手公務員の勉強会に行くとしばしば、いつからＮＰＯ活動をしていたのかと聞かれます。プライベートの活動はどこまで許されるのか、役所の組織の外に出ていってよいのだろうか、仕事と外の活動のバランスをどうとったらよいのだろうかと悩んでいる公務員は多いのかもしれません。

公務の役割をきちんと理解し、その守るべき規範を踏み外さないようにすることと、組織をオープンなものにし、公務員が外の世界との交流を持つということは、十分に両立し得ることです。そうしたことから、国家公務員については、二〇一九年から非営利団体との兼業が認められるようになりました。従事する労働時間の制限など条件はありますが、営利企業以外の団体、たとえばＮＰＯ法人や学校法人、自治会などで働くことができるようになりました。これは、現場を知ったり、広く世の中のことを知ったりする大きなチャンスになると思います。こうした流れもあるので、職業選択をするときに、公務員か、企業か、NPOかと深刻に悩まなくてもさまざまな経験を同時に幅広く体験できる時代が来そうですね。いずれにしても、若い公務員にはさまざまな方法でぜひ、外に出て、世の中を見てほしいと思っています。

一方、役所という組織の中にあっても、日頃の仕事の枠を外して物事を考えることは重要です。それが視野を広げ、新しい発想を得ることにもつながるからです。前述したように実際、最近は役所の中でもプロジェクト形式で進める仕事が増えてきています。私が子ども政策を担当していたときにも、省内にプロジェクトチームをつくって政策について議論してもらっていたのですが、それが驚くほど参加者から好評でした。

日頃は保育所担当、児童虐待担当、母子保健担当、働く女性の支援担当と、それぞれ担当分野があるわけですが、このときは、子どもを産み育てやすい社会をつくるための、総合的な制度を一から考えることを目的に、いくつかのチームに分かれて、自分の担当業務にかかわらず、自由に議論するのですから、本当に楽しかったのです。実現には至りませんでしたが、「子ども保険」の創設などもずいぶんと議論しました。後々になってからも、「あのとき私はBチームで、こんな話が出て……」とよく盛り上がっているくらいです。

プロジェクト形式の仕事がなぜそこまで強い印象を残したのかというと、それはやはり、ふだんの仕事の枠組みを外しているため、その立場にとらわれない自由な発想で物事を考えられるからだと思います。

ふだんはそれぞれが自分の仕事を抱えています。仕事が順調に動いている人もいれば、少し煮詰まっている人もいるかもしれません。いずれにしても、予算の制約や関係者の力関係などの中でなんとか道を探し出そうとしています。責任を負っているので、ついうまくいかなかった場合のリスクを考えてしまいます。

それに対してプロジェクトの場合は、日頃の仕事から離れ、ふだんは接点のない人とチームを組み、まずは予算や関係団体の意向などを脇に置いて議論できます。責任を持っている分野においては、人は保守的になりがちです。しかし、そこから外れると、考えをのびのびと広げることができ、本質を追求する楽しさを実感できるようになります。それがとても新鮮に感じられたのでしょう。

プロジェクト形式をおもしろがるのは若い人だけではありません。四〇代になった課長クラスの勉強会でも皆、枠組みを外した議論がとても楽しいというのです。やはりそれだけ、日頃は組織を離れて考える機会がないということでもありそうです。いつもの立場を離れたところで考え、議論すると、通常の仕事の範囲では出てこない発想にも出会えます。いつもと違う人たちと議論し、頭の中をシャッフルする機会は、どのような人にとっても大切なことだと思います。

立場に縛られると保守的になるということを実感した経験が私自身にもあります。内閣府に出向して男女共同参画の仕事を進めていたときのことです。

内閣府は国全体のプランやヴィジョンをつくるところで、仕事を進めるにあたっては一府一一省二庁の調整が必要となります。どの省庁から来た人も、全体に関することや他の省庁のことについては、理想の姿を念頭に置きつつ、「べき論」に基づいて「このように考えてはどうでしょうか」と大胆に提案できるのですが、こと自分の省庁に関わった途端、「それはこういう理由でできません」「自分たちの担当はここまでです」と、守りの姿勢に入ってしまう傾向があります。

自分の省庁の立場は少し横において、内閣府の立場で各省をリードしてほしいのに、とそれについては日頃歯がゆく思っていた私ですが、いざ、厚生労働省の担当分野について意見をいわれたとき、やはりとっさに、「無理です」と答えてしまいました。これには大いに反省しました。

長く担当して状況がよくわかってくると、背景の事情の複雑さや、その業務を変えることの大変さなどが瞬時に思い浮かんでしまい、簡単に「はい、そうですね」とはいえなくなります。よく知っているからこそ、この道に行くと厄介な問題が待ち構えている、こちらは近づかないほうがよい道だなどと考えてしまうわけです。それは避けられないことなのかもしれませんが、しかし翻ると、その問題の渦中にいる人には、大胆な改革ではなく小さな改良しかできない、ということになってしまいがちです。

それに対して、その分野についてよく知らない人であれば、「世の中はこうなっているので、大体こっちの方向に行けばいいわけですね」と、ざっくりと大きな絵を想い描くことができ、そこから行くべき方向に導くことができます。知らない人が、細部の余計な情報なしで考えて出してくる道のほうが本筋であることは、ままあることです。だからこそ、ときどきは異分子を入れてかき混ぜたり、未知の仕事をしたり、ふだん顔を合わせない人たちを呼んできて議論することが大切なのです。

そして、詳しくない人が導き出した「概《おおむ》ね合っている方向性」を、「いわれてみれば、まあそうだな」と考えられるのかどうか。異なる立場から出された正論をどう受け取るのかは、公務員としての姿勢が問われるところでもあるでしょう。

わかっていないまま語られる理想論にはもちろんマイナスもあります。しかし、状況が煮詰まって困っているときに「そもそも論」を聞くと、意外とすっと納得できることもありますし、それが状況を打破するきっかけになることだってあるのです。

そのためにも、省をまたいでの異動は異動する人にとっても受け入れる役所にとっても役に立ちます。特に、ときどき個別施策を推進する省庁の枠組みから離れ、内閣府や財務省のように全体調整をする役所に行く、あるいは逆に全体調整をする役所から個別施策を担当する役所に行ってみるというのは、とりわけよい経験になることだと考えています。

公務員が減る中で

国民の立場から見ると、公務員が効率よく、しかも質のいい仕事をしてくれることが理想です。特に、少子高齢化が進み、この国の支え手が急速に減っていく中では、このことは特に重要です。「無駄がなく、かつ、必要を満たしてくれる」行政サービスを提供するには、ニーズをしっかりつかんでそれに適切にかつ効率的に対応することが重要になります。

そうした観点から、より住民との距離が近く、実態を把握しやすい地方への権限委譲は今後も進められていくべきです。

地方への権限委譲については、各地域の実情にあった制度を展開できるというメリットがある一方、うまく施策を進められない自治体も出て自治体間で格差が生じるというデメリットもあります。そのデメリットがあるために、権限委譲についての意見も「うちの自治体に任せてくれればいいから、国の規制は少しひっこめてほしい」と考える自治体がある一方、「この政策はもっと国が仕切ってくれないといけない」という意見の自治体もあるなど、反応が分かれてしまうところがあります。実際、具体的にやり方を指示しなければ、各自治体はうまく制度をつくれず、きちんと事業を回していけないのではないかと危惧されることが、全くないわけではありません。

地方自治体と一口にいっても規模も体力もさまざまです。そのため、どこの自治体でも本当に必要なことを行える仕掛けをどのようにつくっていくかは、権限を委譲する時点で、国と自治体がともにしっかり考えなくてはいけないところでしょう。

ただ、地方に権限の移譲が進んでも少子高齢化や自然災害の増加、エネルギー・環境問題など大きな課題を抱える中で国家公務員の仕事を大きく減らすというのは難しいでしょう。また、地方自治体にしても、国からの権限委譲が進んでくると、当然、地方公務員の仕事は増えていきます。

国、地方を通じて、行政を効率的で質の良いものにしていくためには、これからは、NGOや地域の住民組織、企業などとの連携協力ということが重要になってくるだろうと思っています。そのためにどのように工夫していくのかを、これからの公務員は考えなくてはなりませんし、社会を構成するみんなで考えていかなくてはならないところでもあります。

つながる力が重要な時代に

現在起きている問題の多くは複雑に絡み合っていて、問題を個々に切り分けることが難しくなっています。

たとえば、こんな話を聞きました。北海道の札幌《さっぽろ》市は近隣の地域に比べて少子化が進んでいますが、それは都市部以外に仕事がないことと無関係ではないといいます。

地元に仕事がないから、北海道の若い人は学校を卒業すると札幌に出て行きます。そうした人たちが札幌で出会い、結婚し、子どもを産んで育てようとすると、夫婦のどちらも実家は遠く離れているため、仕事と育児を両立させるにあたって親に頼ることが難しいという状況に直面します。そのような中でも、子ども一人であればなんとか頑張って育てられなくはありません。しかし、二人めとなると、夫婦だけで育児も仕事もしていく自信はなかなかもてず、躊躇《ちゅうちょ》してしまいがちだといいます。そんな事情から札幌市は一人っ子がとても多いのだそうですが、そのような状況が生まれるだろうことは、とてもリアルに想像できます。

それに対して、札幌の近郊でそれなりに子どもがいるのは、就職するにあたって実家から遠く離れる必要がないため、子育てしていく上で近くにいる親族のサポートを受けやすいからということになるのでしょう。

地元に仕事がないこと、若者は働くために都市部に出てしまい地方の高齢化がますます進むこと、育児のサポートの手がなく都市部の少子化が進むことは、実は全てつながっているわけです。この問題をそれぞれ切り分けていくと、保育政策を担当する厚生労働省、産業政策を担当する経済産業省や農林水産省、地方創生を担当する内閣府、さらには、住宅問題を担当する国土交通省などと担当する省庁はいくつにも分かれてしまいます。このように複雑につながった問題があって自分の役所だけでは解決できないとそこから先のことをなかなか主体的に考えられない、いわば思考停止になってしまう悪い癖がこれまでの公務員にはありました。いわゆる「縦割り」とか「縄張り争い」とか「消極的権限争い」という問題です。そうなってしまったら課題解決はできません。

今の世の中には複数の要素が連鎖している課題はとても多く、一部署、一省庁だけで解決できる問題は、むしろ少ないかもしれません。そのときにどうするかというと、たとえば、いくつもの課題がつながっているのであれば、役所もつながって一緒に取り組むしかありません。

実際、「いかにつながるか」は公務員にとって最近の重要なテーマであり、各省庁が自主的に連携したり、官邸や内閣府がリーダーシップを取ったりしながら、省庁を横断したプロジェクトや検討会がしばしば立ち上げられるようになっています。私が最近関わったものでも、高齢者や障害者の人たちの住宅確保のために国土交通省と厚生労働省が連携したり、障害のある人が農業で働くことを支援するために農林水産省と厚生労働省が連携するなど、いくつも例を挙げることができます。今後も公務員の仕事はよりその方向に進んでいくことは間違いなく、つながることは公務員にとって大切な力になると思います。

つながる先は、他の役所に限りません。地方自治体であったり、民間企業であったり、

ＮＰＯであったりあるいは一人ひとりの市民だったりするかもしれません。たとえば、子どもの虐待や貧困を考えてみましょう。虐待があったり養育が困難な家庭の子どもを保護するのは児童相談所などの行政の仕事です。虐待する親から子どもを引き離して保護するといったことは権限を持つ行政にしかできません。一方で、虐待を受けた子どもたちが気軽に相談できる電話相談などは民間の団体によって運営されています。また、地域の人たちが中心になって始める子ども食堂は、いろいろな困難を抱える子どもの居場所となり子どもたちを支えています。そういった近所の人たちの目が、虐待の発見の端緒になることもあります。

こんなふうに考えると、国家公務員の発想も、「国がこのような制度をつくってこういう課題を解決します」というだけではなく「こういう課題を解決するのに、国としては、次はこのような制度がつくれます。自治体には○○を、民間団体は△△をやってもらうのはどうでしょうか。住民の方は◇◇で協力できますか？　あるいは□□をしている住民の方を支援します」と、「できることをみんなでやっていく」ことを前提に、端々にまで目を配って、最終的に全体でどのように進めていくかというグランドデザインを描く力が必要になってくると思います。従来の枠組みを取り払って全体像を組み立て、自治体や企業、NPOともチームを組んで進められる柔らかい頭の人が、今後、公務員として広く活躍していけるでしょう。

もちろんこれまでも外部との連携は大切なことでしたが、現在は、そしてこれからは、今まで以上にその要素が重視されるようになるということです。それは国際的にも同じで、たとえばSDGsの考え方をみても、国や自治体はもちろん、企業も自分たちのできるところで貢献し、また、国際間でも協力しあって目標に向かって取り組み施策を進めていく方式になっています。「異なるものとつながる力」はこれからますます重要になります。

リアルな体験が重要

つながる力を身につけるにしても、みんなでひとつの仕事を担ってよい社会をつくっていく像を描くにしても、ベースとなるのは公務員一人ひとりのリアルな体験です。

多くの公務員の仕事はどうしても机に向かって紙と鉛筆でする仕事、今でいえばパソコンを見ながら行う仕事が多いのですが、現場と接することなく仕事を進めていくと、現実に対する想像力が働かなくなって、判断を間違えてしまう可能性がでてきますし、どことつながればいいかも見えてきません。私たちが想像力を広げられる範囲というのは、その人が実体験をどれだけしているかによって決まってくるところがあります。百聞は一見に如《し》かずで、それを見た経験、実際にやった経験があれば、そこから想像力をふくらませて物事をリアルに考えることができ、現場に即した判断ができる可能性が高まるのです。

　ですから公務員を志すみなさんは、自由になる時間がある学生のうちに、できるだけいろいろな体験をし、さまざまな人に会うということを、意識してやっておいてほしいと思います。特に日本の学校システムは、年齢できっちり区切られているため、同世代の人間と先生しかいない特殊な世界になっています。受験などがかかわってくると、学校によってさらに同質の人が集まる傾向が強くなり、今、自分に見えている部分だけが世界全体だと思ってしまうと、実際の世の中に照らしたときには、非常にいびつなことになってしまいます。海外に行ったり、年齢やバックグラウンドの違う人と話したりなどして、できるだけいろいろな世界を見て、今いるところが全てではないことを実感として摑《つか》んでおくとよいでしょう。

いきなり現実的な話になりますが、公務員試験において、面接はとても重要です。面接官は何を見ているかというと、志望者がそれまでの人生で何を考え、何を体験してきたかということです。厚生労働省では採用後の初任研修で、福祉事務所や福祉施設などの現場に行くようにしていますが、それも、それまで彼らが触れてこなかったであろう世界を、できるだけ実際に体験させるようにしているのです。

役所の仕事は、どの省庁であっても、最後の目的は国民の幸福、すなわち生身の人間の暮らしをよくすることに行きつきます。いわば公務員は、生身の人間の人生を扱う仕事であるわけです。厚生労働省は特にその面が大きい役所ですが、たとえば国土交通省であっても、地図で見た国土と、生で見る、実際に生身の人が暮らす土地とでは、決して同じようには感じられないはずです。そこに生きる人の暮らしや人生をリアルに想像ができるきっかけになる体験を積んでいくことは、公務員を志す人にとって何より大切なことです。

若手の職員にとっても、それは同じです。大学に入り、最短期間で卒業し、そのまま公務員になり、最後まで役所で働き続けると、やはりどうしても視野が狭まり、考え方が偏ってしまうリスクはつきまといます。海外のように、何年か働き、また大学に行って、新たな専門知識を身に付けて仕事に戻る、というようなことが日本でももう少しやりやすくなるとよいのですが、残念ながら今はまだそこまで行っていないので、自分で意識していろいろな体験をして、世界を広げていってください。

世界を広げるということでは、本章の冒頭でも述べたように、外との接点をたくさんもつことも大切です。夜中まで仕事をしなくてはいけない多忙な時期になると、夜中にハッと、そういえば今日は役人としか口をきいていない、と気づくような恐ろしい日々が訪れます。それが長期間続くと、一般社会の感覚とずれたまま、人々のための制度を考えるようなことになりかねません。それが本来の公務員の在り方ではないことは、みなさんにもおわかりだと思います。

家庭をもち、友だちを大事にし、民間企業の人たちとの勉強会にも参加する。趣味も楽しむ。普通の市民としての生活を大切にし、外との接点をできるだけ多くもっておくほうが、必要とされる施策をきちんと見つけられるよい公務員になれるでしょう。そのベースとなるものを、ぜひ、若い間に培っていただきたいと思います。

不祥事は避けられる

公務員には、志を持ち、一生懸命働く、真面目で誠実な人が多いのは確かです。しかし、ニュースなどでは公務員が政治家の意向を忖度《そんたく》して公正な業務の遂行をしなかったのではないかとか、業務でミスをしたり、それを隠蔽しようとしたのではないかなど「不祥事」がたくさん報道されています。そうしたことはなぜ起こるのでしょうか。私は、その原因のひとつは、公務員の世界の「閉鎖性」にあると思っています。学校を卒業してすぐに公務員になって、そのまま定年まで勤め上げる人の割合が高いこともあって、どうしても公務員の世界は狭いものになりがちです。

だから、世の中の感覚とずれたものであっても自分たちの世界の理屈が優先されるようになり、「忖度する」という発想も出てきてしまいます。忖度というのは同じ文化の中で育っている、同質の集団の中だから生まれることです。異文化の中にあっては、説明がなされなければ、何がその文化の中での正解かの判断ができないため、忖度するにもしようがないのですから。

組織の上の人の意向は汲《く》んでおいたほうがよいからと、公正ではないやり方で物事を進めてしまうなど、忖度を契機に発生する不祥事は、公務員の真面目さが世界の狭さによって歪《ゆが》んでしまうために起こることだと思います。そう考えると、やはり公務員の世界を広げること、異分子を入れてかき混ぜること、そして、公務員のしていることが世の中に見えるよう、透明性が高く、風通しのよい状態をつくることが重要です。

透明性をもたせるということは、国民が公務員の仕事をよく見られるようにしておく、ということです。それができれば、たとえ公務員の常識が世の中の常識とずれてきても、早い段階で外から指摘をしてもらうことができます。また、忖度を求める変な圧力がかかってきても、公務員は衆人環視のもとで仕事をしているのでそんなことはできないからと、断りやすくなります。つまり、透明性を保つことは、公務員が忖度しなくてすむ、不公正なことをしなくてすむということにもつながっていくのです。

ところで、不正をはたらいた人やミスを犯した人は責任を問われなくてはなりません。しかし、何か不祥事が起こったときに、悪いことをした人を責めるだけでは問題は解決しません。

公務員には大きな権限があります。税金から給料をもらっている立場でもあります。だから、きちんとしなくてはいけないのは当然です。しかし、その分、一人ひとりに多くの圧力がかかっていること、近年は人の数は減っているのに業務量は大幅に増え、多忙な中でミスが起こりやすくなっている環境にあることも認識しなくては、現状を改善していく方法は見つけられないのではないかと思います。

重要なことは、公務員が置かれている状況を理解した上で、根幹の原因を第三者の意見も聞きながら冷静かつ丁寧に分析し、改善策を積み上げて、何があっても不正をはたらかなくてすむ仕組みを根気強くとり入れていくことではないでしょうか。

そのようなことを公務員であった私がいうと自己弁護しているように聞こえるかもしれません。しかし、『失敗の科学——失敗から学習する組織、学習できない組織』（マシュー・サイド著、ディスカヴァー・トゥエンティワン、二〇一六年）という本でも示されているように、失敗を責めただけでは失敗の繰り返しは止まりません。失敗から積極的に学び、繰り返さないように策を打っていくことが大切なことなのです。

バッシングからは何も生まれない

昨今、小さなお子さんが虐待で犠牲になるニュースが相次いでいます。そのようなときには児童相談所の不手際が責められますが、それについても同じで、責めるだけで組織がよくなることはありません。

それぞれのケースで児童相談所の判断のミスや遅れなど、いろいろな失敗があったことは事実でしょう。しかし、その事実に目を向けるのと同時に、虐待の通報がこの一〇年で四倍に急増しているのに対して、児童相談所の専門の職員は一・五倍ほどにしか増えていないという事実や、虐待死は児童相談所がかかわれなかったことで起きるケースのほうが多いという実態も踏まえて、冷静かつ客観的に、そして総合的に検証していかなくてはいけないはずです。

ある虐待死について連日大きな報道が続いていたときに、私の尊敬する児童養護施設の施設長が、ポツリと「救った一〇〇人のことは報道してもらえないからなあ」と呟《つぶや》きました。私はその通りだと思いました。報道するときは全体像も併せて示していかなければ、問題の本質を見落とすのではないでしょうか。

児童相談所間の連携がうまくいかずに子どもを救えなかった、という出来事の後、全ての児童相談所で、再度、全事例を確認するように指示が出されました。そうした作業が加わったことで児童相談所では、もともと忙しさが限界を超えているような状態だったのに、さらに負担が増したという声も聞きました。外からは厳しい批判、体制の強化は遅れがちで職員の負担は過重になる一方という状況で、虐待を本当に減らすことができるでしょうか。さまざまな組織の中で、これに類することは少なくなく、本質を見失うことなく対処する難しさを実感します。

先に挙げた『失敗の科学』にも似たような話が出てきます。二〇〇七年にイギリスでもやはり子どもの虐待死を防げなかったケースがあり、その事件の後、行政の担当者たちがひどくバッシングされることになりました。大きな非難を受ければ、もっと責任をもって仕事をするようになるだろうとみんなが思っていたようです。その結果、どのようなことが起きたでしょうか。

職員の仕事は、後から責められないようにすることが大前提となったそうです。「子どもたちのために」という本義は二の次で、問題のある家庭の子どもを機械的に保護するようになり、保護施設や里親制度は満員になりました。そして、子どもの預け先を急いで確保しなくてはならなくなり、質の低い、経験のない里親を増やすことにもなったそうです。適性を備えていない里親に預けられた子どもは、果たして、そこで落ち着いて幸せに暮らしていけるでしょうか。

さらには、良い職員が次々と仕事を辞めてしまい、以前に比べて、あらゆる状況が悪化してしまったということでした。

日本でもそのようなことにならないよう、出来事の全体を見て、その中でどうしてそれが起こったのかを冷静に検証していく必要があります。見出《みいだ》した解決策が、だれのためにもならないということだけは避けなくてはなりません。

私自身、二〇〇九年に郵便不正事件の被疑者として逮捕されました。有罪を勝ち取るために、無理な取り調べによって、事実と違う調書がたくさんつくられ、さらには、検察官が証拠を偽造するという、決してあってはならないことが起こりましたが、幸いにも、裁判で真実が明らかになり無罪を勝ち取ることができました。これも、公務の起こした不正の事例のひとつです。そのとき多くの人から、検察に対してなぜもっと怒らないのかと聞かれました。

もし検察がなくなってよいのであれば、あり得ない不正を犯した組織を徹底的に非難したかもしれません。しかし、検察はなくなっては困る組織であり、信用が落ちたままでよいわけがありません。検察には、これを機に体質を改善してもらわなくてはならない、それを進めていけるようにするには、私は何をいえばよいのだろうか。その点こそが、とても重要ではないかと考えました。

当時、私は公務員全体に対して同じようなことを思っていました。もちろんミスがあれば責任をとらなくてはなりません。しかし、何かあると叩《たた》いて叩いて、信用を徹底的に失墜させる風潮は、果たしてよいものなのでしょうか。

それを続けていると、結局、公務員のなり手が少なくなるでしょうし、なったとしても、イギリスの児童虐待の例のように、リスクのあることをしなくなってしまうでしょう。失敗したときにあまりにバッシングがひどいと、ミスを犯した側としても、説明しても理解してもらえないという気持ちになり、説明すらしなくなる、さらには、まず隠そうとするようになるかもしれません。現在の風潮は、マイナスばかりを引き起こすような気がしています。

だからこそ、そうならないやり方を見つけていかなくてはいけないのです。ミスが起こりにくいやり方を構築し、失敗してもすぐに告白でき、修正できる風土をつくっていく。そのことこそ、第一にしていくべきことでしょう。

郵便不正事件のあと、私は何代もの検事総長にお会いしました。そこで総長が私にいった最初の言葉はいずれも「ありがとうございます」というものでした。どういうことだかわかるでしょうか。

検察の内部でも、常に巨悪と闘うことを期待され、成果を上げなければならない、また、いったん逮捕したからには必ず有罪にしなければならないといった大きなプレッシャーが組織にかかっていて、無理を重ねていることはわかっていたのだそうです。その過剰なプレッシャーゆえに、現役官僚、しかも組織の上にいる局長を犯罪者に仕立て上げたいという気持ちが働き、センセーショナルな事件がつくられてしまったといえます。しかし、無理がかかっているとわかってはいても、組織の中からそれを変えることができず、事件によってやっと変えるきっかけができた。そのことに対しての「ありがとうございます」なのです。

検察はその後、二〇一一年に「検察の理念」を掲げ、「一、国民全体の奉仕者として公共の利益のために勤務すべき責務を自覚し、法令を遵守し、厳正公平、不偏不党を旨として、公正誠実に職務を行う」「二、基本的人権を尊重し、刑事手続の適正を確保するとともに、刑事手続における裁判官及び弁護人の担う役割を十分理解しつつ、自らの職責を果たす」「三、無実の者を罰し、あるいは、真犯人を逃して処罰を免れさせることにならないよう、知力を尽くして、事案の真相解明に取り組む」などの一〇カ条を制定し、モラルに関する研修なども、実施しました。しかし、個々の検察官の「心構え」

だけでは事態が変わる保証はありません。成果を上げたい、自白をさせたい、有罪判決を勝ち取りたいという気持ちは検察官であれば、だれにでもある抑えがたい心情だからです。結局、この後、刑事司法制度の大きな改革が行われ、取調べを可視化（録音・録画）するということが法律で決められました。まさに、これは、「透明化」にほかなりません。一番不正の起こりやすい部分を透明化して、外部に開示せざるを得ない状況をつくったのです。

検察に限らずどの組織でも、起こってしまった問題を教訓に、少しでも改革を進めていくことが求められています。

よい行政とは

私たちが望む「よい行政」とはどんなものでしょう。「よい行政」を考えることは、「よい社会」を考えることと重なってくるでしょう。私は厚生労働行政に携わってきたので、その範囲でいうと、二つ、行政としてめざしたい「よい社会」の姿があります。

ひとつは、社会の成員の一人ひとりが自分の能力を十分に発揮できる社会です。

今は、本来持っていている能力を発揮できていない人が、まだ大勢います。女性でも障害者でも、それぞれの人がいかに自分の能力を発揮できるか、能力を発揮することによってどれだけ喜びを感じられているかということが、「よい行政」ができているかどうかを測るひとつの指標になると考えられます。そのような社会をめざして進められるものが「よい行政」のひとつのあり方といえるでしょう。実は、これはG20の労働雇用大臣会合のここ数年のテーマである「包摂的成長」と同じ考え方です。包摂的成長というのは、女性や障害者などさまざまな人を社会の支え手として巻き込み、良い雇用環境を提供した社会だけが持続的に成長できるという考え方です。これはとても大切な考え方だと思います。

もうひとつは、困っていることを人に伝えられていない大勢の人が、早い段階で困っていると言える社会にすること、あるいは、早い段階で困っている人を見つけ、寄り添って支援できるような社会にすること(これを伴走型支援と呼びます)が、めざすべきところだと思っています。

早い時期にその人が困っていることを把握して、何らかの対策を打てると、事態が悪化してから動くのに比べて、本人の傷も、行政的なコストも、ずっと少なくてすみます。病気が早期発見して早くから治療を始めたほうがよいように、社会的な課題についても、できるだけ早く手を打ったほうがよいわけです。こんなふうに、めざすべき「よい社会」をつくっていけるのがよい行政だと考えています。

「よい社会」ということについて、少し抽象度を上げて考えてみましょう。

日本とは大国ではなく中規模の国ですが、大きくないからよくないということはありません。私はむしろ、日本はとてもよい国になれる可能性があると思っています。

そのためには、一人ひとりの市民が、「よい社会」とは何かについて考え、どれだけ意識をして行動していくかが重要だと思います。残念ながら今は、その部分がとても弱いと感じています。若い人にも、政治や行政、民主主義について、あるいは格差や社会保障の問題、環境や防衛、防災など社会の抱える課題について、もっと関心を持ち、考えてほしいと思っています。

考えることを可能にするためには、まず、市民一人ひとりが自分たちの国の針路を考えるための正しい情報をもっていることが必要です。公務員も政治家も、その点について努力をしなくてはなりません。特に役所は情報の宝庫です。市民一人ひとりに判断するための情報が行き届き、市民一人ひとりが考えて、よい判断をし、自分たちの針路を選択できる。それが民主主義の国にとって本来大切なことであり、それをお手伝いするのが公務員の仕事なのです。公務員が何かを引っ張るわけではなく、あくまで市民が何が「よい社会」かを判断するのを手伝うのが公務員である、ということです。

一昔前には、エリートである霞《かすみ》が関《せき》の役人が情報を独占し、彼らが国の方向性を全て決定している、というイメージがあったかもしれません。しかし、いま現在も、これからも、向かうべきはその方向ではありません。

少子高齢化、格差問題、環境問題など、今後向き合うべき社会問題が明確になっている中、国が順調に成長していた時代にはしなくてすんでいた痛みを伴う選択も、これからはしていかなくてはなりません。自分のことだけでなく他の人のこと、自国のことだけでなく、世界のこと、地球のこと、今のことだけでなく、次世代のこと、遠い将来のことというように広い視野をもって物事を考えていかなくてはなりません。そのために、市民は自分で情報をもち、自分の頭で考えて一人の当事者として進路選択をしていく必要があります。そして、それをいかにしっかり公務員がサポートできるかということが、これから問われるところなのだと思います。

市民が主役の行政へ

行政と企業、市民のこれからを考えるとき、私は第五章の章扉のような、行政と企業、NPOなどの非営利の民間セクター（サードパーティ）が、市民を中心にその役割を果たす社会をめざすのがよいと考えています。この考え方は公益社団法人日本フィランソロピー協会の理事長、高橋陽子さんに教えていただきました。

かつての日本では、パブリックな部分を管轄する行政と、経済活動を担当する企業の存在が非常に大きく、社会貢献を使命とするサードパーティの存在感はとても小さいものでした。

高橋さんは、「行政に厳しい苦情や批判が行くのは依存の裏返しよ。日本のこれまでの社会は行政依存型だったの」と教えてくれました。その通りかもしれません。

これからの社会は、サードパーティの部分がより大きくなっていくとともに、同じ目的について、行政と企業、NPOなどのサードパーティがそれぞれパートナーとなって、ともに努力していくことになります。

「よい行政」とは「よい社会」をつくるための、「よいパートナー」と言ってもいいかもしれません。

このとき、行政・企業・サードパーティの真ん中にいるのが市民です。そもそも行政にしても企業にしてもNPOにしても、構成員は全て市民、その意味で、ミッションを共有できるのです。そして、行政は行政の強さ、企業は企業の強さ、NPOはNPOの強さを活かして頑張っていく。それが、苦しい選択も避けられなくなってくるこれからの日本の、めざしていくべき姿でしょう。

「市民」というものについて、とても印象に残っていることがあります。イギリスの首相の自伝だったと思うのですが、「私の最も尊敬する人は母です。母は立派な市民でした」という言葉があって、これこそが民主主義だと思ったことがあります。社会の基本は一人ひとりの市民なのだと。

そうであるからこそ先にも書いたように、これから公務員になる人には、企業と協力でき、NPOとも連携できる市民感覚がある人であってほしいと思うのです。さまざまな立場の人々をつなぎ、情報をきちんと流し、みんなで何ができるかを考える、という方向に社会を持っていくためには、本章冒頭で示した「つながる力」は不可欠になると思います。

そして、つながる力を発揮しようとするとき、外の社会での経験はとても重要になります。

また、自治体であれば、市民が自ら議論し、行動してもらうことで、何らかの事業を進めるようなケースも増えていくと考えられます。たとえば、愛知県豊田市で行われている「とよた市民福祉大学」は、市民福祉教育活動を展開して、地域におけるマンパワー（福祉の担い手）を確保していこうという活動ですが、その卒業生たちが今、どんどん社会活動に参画するようになっています。

千葉県でも堂本暁子《どうもとあきこ》さんが知事だった時代に、多くの市民が参加して障害者政策を立案していく取組が行われていました。そしてその活動が、二〇〇六年に千葉県で全国に先駆けて「障害のある人もない人も共に暮らしやすい千葉県づくり条例」を成立させることにつながったのです。

市民参加型の行政運営が増えていくことで、従来は生まれなかったようなおもしろい議論や、新しい発想が、これからいろいろと出てくるのではないかと期待しています。

実は私は、千葉県の障害者政策立案のための会議に参加していました。霞が関での仕事が終わると急いで千葉県庁に向かい、みなさんと議論していたのです。本当に自由闊達な議論で、外の世界の多くの方々の意見を聞くことは、公務員にとって、気づきを得る貴重な機会だと実感しました。

学生として、あるいは社会人として、専門分野を持つことはとても大事です。それに加えて、海外での経験はいうまでもなく、国内でも、とにかく新しい場に参加する、新しい人に会う、いつもと違う場所を歩いてみるなど、少しいつもと違うことをするだけでも、視界が開け、発想が豊かになり、経験の幅はぐっと広がります。若い公務員のみなさん、これから公務員になろうと考えているみなさんには、ぜひ多様な経験をして、市民と力を合わせてこれからの社会にふさわしい法律や制度をつくり、日本をよりよい国にしていっていただきたいと願っています。

おわりに

この本は、公務員になろうとする方、あるいは若手の公務員の方を対象として書きました。私は、多くの方に公務員という仕事に興味を持ってもらいたいし、公務員をめざしてもらいたいと思っています。一方で、これまで多くの民間企業やＮＰＯの方々と共に仕事をさせていただく中で、あるいは、退官して民間企業の仕事をさせていただく中で、仕事をすることの大変さ、楽しさ、やりがいというものは、公務も民間も共通点がたくさんあると感じています。そこで、最後に、私が官民の若い方々に職業生活を送る上でお勧めしていることをあらためて書いておきたいと思います。

①新しい仕事をするチャンスがあったら引き受けましょう

これは、自分の大学時代の恩師から教えられたことです。その人の職業的なキャパシティーというのは、専門性・経験の深さと間口の広さの掛け算で決まる。だから、自分の専門性、得意分野を伸ばすことは大事だが、同時に、ほんの少しでもいいから、まったく違う分野を経験してみると、それは、掛け算で効いてくるというのです。だから、新しいこと、苦手なことへのチャレンジは大きなチャンスなのです。

②昇進のオファーがあったら受けましょう

昇進は階段を上ることととてもよく似ています。階段を上ると、背が伸びたわけでもないのに、下の段にいたときには背伸びをしたり跳び上がったりしなければ見えなかったものが自然に見えるようになります。オファーがあったということは、客観的に見て実力がついているということ。自信をもって、オファーを受けましょう。

③ネットワークを作りましょう

仕事はうまくいくこともいかないこともあります。先が見えないこともしょっちゅうです。そんなときに、同じように仕事に取り組む仲間や、経験豊かな先輩とのネットワークがあれば、たくさんアドバイスがもらえます。自分の仕事と全く違う異業種の人に新しい視点をもらったり、みんな同じように悩むんだと連帯感を持ったりというのもうれしいことです。

④家族・家庭を大切にしましょう

これまでの日本社会は、「滅私奉公」などといった言葉にも象徴されているように、職場では家庭のことはあまり見せない、残業も、転勤もいつでもOKといった仕事優先の姿勢が賛美される傾向がありました。しかし、家族・家庭は安定した職業生活の基盤ですし、「仕事」と「家庭」という二つの軸を持つことで、ものの見方が多様になったり、気分転換を上手にできたりします。これからは家族・家庭を大切にしている人が職場でも尊敬されるようにしたいですね。

以上が私からの、アドバイスです。

人生一〇〇年といわれる時代、職業生活も五〇年を超えるということも当たり前になってきそうです。私たちは、膨大な時間を仕事に費やします。だからこそ、その時間が楽しく充実したものになってほしいと願っています。この本が、みなさんが仕事を考えるうえで、少しでもお役に立てばうれしいです。

最後になりましたが、人生のほとんどを公務員の世界で過ごしてきた私にとっては、客観的に公務員とは何かを語ることは、思った以上に難しいことでした。それに、辛抱強く付き合ってくださり、完成まで導いてくださった筑摩《ちくま》書房《しょぼう》の吉澤麻衣子さんに心からの感謝を申し上げます。

ちくまプリマー新書

ちくまプリマー新書

230
生き抜く力を身につける
――〈中学生からの大学講義〉5
大澤真幸／北田暁大／多木浩二／宮沢章夫
いくらでも選択肢のあるこの社会で、私たちは息苦しさを感じている。既存の枠組みを超えてきた先人達から、見取り図のない時代を生きるサバイバル技術を学ぼう！

270
「今、ここ」から考える社会学
好井裕明
私たちがあたりまえと思って過ごしている日常を社会学を使って見つめ直してみよう。疑いの目を向けることで新しい世界の姿が浮かびあがってくる。

316
なぜ人と人は支え合うのか
――「障害」から考える
渡辺一史
障害者を考えることは健常者を考えることであり、同時に自分自身を考えること。なぜ人と人は支え合って生きるのかを「障害」を軸に解き明かす。

302
市場って何だろう
――自立と依存の経済学
松井彰彦
自立のために、多くの依存先を持とう！　様々な依存先を提供しうる市場という頼れる存在。市場をゲーム理論で読み解きながらそのあり方・可能性を考えてみる。

310
国境なき助産師が行く
――難民救助の活動から見えてきたこと
小島毬奈
貧困、病気、教育の不足、女性の地位の低さ、レイプなど、難民の現実は厳しい！　でも、また救助に行きたくなる不思議な魅力がある。日本と世界の見方が変わる。

ちくまプリマー新書

ちくまプリマー新書

146
スポーツを仕事にする！
生島淳
選手以外にもこんな道が！ 急増する大学のスポーツ関連学科や、急成長する職業の今をレポート。イチローのトレーナーやメダリストの広報などへのインタビューも。

275
アイドルになりたい！
中森明夫
アイドルになりたい！ アイドルのことを知りたいし、楽しみたい！ そんなきみのための、初の本格的アイドル入門本。面白くて役に立つ、全く新しい本！

164
音楽家をめざす人へ
青島広志
音楽とは、才能か、努力か、環境か？ 音大は行くべきか、何を学ぶか、どんな仕事をするのか？ 音楽家をめざす全ての若い人に贈る元気が出る入門書。

137
東大生・医者・弁護士になれる人の思考法
小林公夫
受かる人はどこが違うのか。30年間予備校や大学で数え切れない程の受験生を指導した結果みえたこととは？ 勉強法を示しつつ難関に立ち向かうことの意味をも考える。

226
何のために「学ぶ」のか
――〈中学生からの大学講義〉1
外山滋比古／前田英樹
今福龍太／茂木健一郎
大事なのは知識じゃない。正解のない問いを、考え続けるための知恵である。変化の激しい時代を生きる若い人たちへ、学びの達人たちが語る、心に響くメッセージ。

chikuma primer shinsho

ちくまプリマー新書354

公務《こうむ》員《いん》という仕事《しごと》

二〇二〇年七月十日　初版第一刷発行
二〇二〇年八月五日　初版第二刷発行

著者　村木厚子（むらき・あつこ）

装幀　クラフト・エヴィング商會
発行者　喜入冬子
発行所　株式会社筑摩書房
東京都台東区蔵前二-五-三　〒一一一-八七五五
電話番号　〇三-五六八七-二六〇一（代表）

印刷・製本　中央精版印刷株式会社

ISBN978-4-480-68376-2 C0231 Printed in Japan